名师工作室成果文库

教师必备
信息素养十大修炼

JIAOSHI BIBEI XINXI SUYANG SHIDA XIULIAN

曾月光　卢兆明　著

光明日报出版社

图书在版编目（CIP）数据

教师必备信息素养十大修炼 / 曾月光，卢兆明著 .
-- 北京：光明日报出版社，2020.6

ISBN 978 - 7 - 5194 - 5814 - 0

Ⅰ.①教… Ⅱ.①曾…②卢… Ⅲ.①信息技术—师
资培训—教材 Ⅳ.① G202

中国版本图书馆 CIP 数据核字（2020）第 104590 号

教师必备信息素养十大修炼
JIAOSHI BIBEI XINXI SUYANG SHIDA XIULIAN

著　者：曾月光　卢兆明	
责任编辑：庄　宁	责任校对：李　荣
封面设计：中联学林	责任印制：曹　净

出版发行：光明日报出版社

地　　址：北京市西城区永安路 106 号，100050

电　　话：010-63139890（咨询），010-63131930（邮购）

传　　真：010-63131930

网　　址：http://book.gmw.cn

E - mail：zhuangning@gmw.cn

法律顾问：北京德恒律师事务所龚柳方律师

印　　刷：三河市华东印刷有限公司

装　　订：三河市华东印刷有限公司

本书如有破损、缺页、装订错误，请与本社联系调换，电话：010-63131930

开　　本：170mm × 240mm

字　　数：270 千字　　　　　　印　张：17.5

版　　次：2020 年 6 月第 1 版　　印　次：2020 年 6 月第 1 次印刷

书　　号：ISBN 978 - 7 - 5194 - 5814 - 0

定　　价：68.00 元

序

近日，中共中央、国务院印发了《中国教育现代化2035》，提出了教育现代化的八大基本理念：更加注重以德为先，更加注重全面发展，更加注重面向人人，更加注重终身学习，更加注重因材施教，更加注重知行合一，更加注重融合发展，更加注重共建共享。中共中央办公厅、国务院办公厅印发了《加快推进教育现代化实施方案（2018—2022）》，方案中提出了推进教育现代化的十项重点任务之第六项"大力推进教育信息化"：着力构建基于信息技术的新型教学模式、教育服务供给方式以及教育治理新模式，促进信息技术与教育教学深度融合，支持学校充分利用信息技术开展人才培养模式和教学方式改革，逐步实现信息化教与学应用师生全覆盖。

教育信息化是时代发展的必然，教师作为这个时代承上启下的重要角色，唯有紧跟信息时代飞速发展的步伐，不断提升自身的信息素养，不断提高应用新技术、新方法开展教育教学的能力，否则就会面临被时代抛弃的危险。

这样一个美好的时代，为每一个追梦者都提供了梦想的舞台。柏拉图曾经说过，人生最遗憾的，莫过于轻易地放弃了不该放弃的，固执地坚持了不该坚持的。曾月光老师就是一位不愿轻易放弃梦想的人，我清楚地记得进入主持的重庆名师工作室前的一次对话，话题是关于大数据时代的教师转换，如何在教学中扮演生旦净末丑，曾老师谦逊地选择了"丑"这样一个角色，他说只有不断露丑、献丑，才能成为十八般武艺样样精通的小生武生，谈话中他屡屡提到三峡库区老师们对技术的渴望，谈到在懵懵懂懂中如何利用技术开展教与学活动中遇到的"窘态"和"丑态"，如何提出并身体力行推动库区学习型组织构建，探索信息技术能力培训长效机制等……这哪是"丑角"，分明是一种智慧的力量，一种忘我的精神，一个追梦人。

梦是美好的，追梦的路上需要动力。对于广大农村教师而言，"技术"不仅是问题，还是大问题。很多教师在尝试信息化教学过程中，往往因软件某几步操作受阻而轻易放弃，以致教学水平始终在原地打转，不少教育管理干部也是如此，无视时代发展，墨守成规。回顾全国轰轰烈烈的"信息技术应用能力提升工程"项目，广大教育工作者信息化教学与办公的理论认识提高了，但由于缺少配套的操作性强的实用教材，多数同志在教学应用上仍然像风车一样原地打转。

梦是美好的，筑梦的途中需要活力。探索"互联网＋"教育教学的途径与方法，践行移动互联网时代下的网络协同办公是广大教育工作者的责任。重庆市云阳教师进修学院曾月光、卢兆明以重庆市教育科学"十二五"规划专项重点课题"基于网络环境下教师教育管理策略研究"为依托，不懈探索与实践，灵活运用网络技术于培训管理、教育教学、协同办公之中。他们作为长期工作在教学一线的教师和培训管理者，把技术应用的经验和感悟汇集成册，编撰了《教师必备信息素养十大修炼》，本着分享的精神以飨读者，是广大读者的福音。

梦是美好的，美梦成真的分享更需要智慧。曾月光老师不断实践，体味生旦净末丑，梦终于变成现实，今天呈现在大家的面前，不仅是各类人群学习、工作的技术宝典，还可以细细咀嚼，感受技术于工作的小美，品味出技术融合课程的真美、技术改变生活的大美。该书亮点纷呈，特色有三：一是适用对象广。该书方便培训机构管理人员开展网络化培训管理，方便广大教师开展网络化教育教学，方便班主任开展网络化班级管理，方便文秘人员进行信息化办公等；二是编排科学有序。编者把每个软件按应用场景预热、软件版本介绍、案例分享实践、技巧点拨释疑四步编排，趣味导入，由浅入深，图文并茂，可读性强；三是使用方便。该书配备大量的真实案例，可供初学者依葫芦画瓢，现学现用，对常规工作中所遇到的技术问题"即查即用"，实用性强。

最美的东西最简单。用极简的工作方式，用互联网思维方法，让梦想变成现实，感谢曾月光老师的辛勤付出、智慧分享和行为示范。

大家一起在技术时代重新思考教育吧，在中国教育现代化2035征程中扬帆远航。

吾生有涯，而梦无涯！

罗化瑜

2019-2-19

（罗化瑜，重庆二十九中信息中心主任，三级正高级教师，重庆名师罗化瑜工作室主持人，中国教育技术协会人工智能专业委员会常务理事，重庆市青少年创客教育联盟秘书长）

前　言

在移动互联网时代，云计算、大数据、人工智能的飞速发展深刻影响着人类的生产、生活及工作的方方面面。我们可以明显地感觉到身边的金融、医疗、商业、交通等领域发生着日新月异的变化，深切感受到稍不留神就跟不上时代步伐的压力。乔布斯生前提出的质疑振聋发聩"为什么IT改变了几乎所有的领域，却唯独对教育的影响小得令人吃惊？"。

习近平总书记在十九大报告中指出"把教育事业放在优先发展位置，加快教育现代化；办好继续教育，培养高素质教师队伍"。教育是领航其他行业发展的母机，教育改革理应走在其他行业的前列。教育现代化的实现，首先得从提升教师队伍自身的信息素养做起。从调查情况来看，我国多数地区学校信息化建设的硬件条件大为改善，但教师教育观念和整体队伍的信息素养不容乐观，"穿新鞋，走老路"的现象普遍存在。有的学校明确禁止学生带手机进校园，理由是担心影响学生的学习；有的学校规定教师必须手写教案，理由是防止教师抄袭。可见，作为肩负为祖国繁荣富强培养具有创新精神和实践能力的建设者和接班人之重任的教育人，转变教育观念，提升信息化素养，提高教育教学能力和水平，显得尤为重要和必要。

在教育现代化改革的浪潮中，不管是教育行政部门的领导，或者是基层学校的管理者，或者是教学一线的普通教师，抑或是其他教育和影响别人的人，您都准备好了吗？您还局限于"三尺讲台奉献，一支粉笔耕耘"的传统教学方式吗？您还在挑灯夜战誊写教案吗？您还在为批阅孩子的试卷累得死去活来吗？您还在为做不出漂亮的演示文稿而焦头烂额吗？恭喜您，当您拿到这本书的时候，这一切都将成为过去，因为它是专门帮您解决这些苦恼的独门秘籍。

适用对象

● 教师

● 培训师

- ●教育教学管理者
- ●国家公务员
- ●事业单位人员
- ●师范类学生
- ●信息技术爱好者
- ●文秘办公人员

编排特点

本书不走传统计算机软件教材面面俱到繁杂冗长的老路，而是从工作实际需求出发，以真实的案例入手，选择最佳路径、最优方案在最短时间实现办公目的。现代人类工作节奏加快，事务繁忙，很难系统深入地研究每一种软件的使用。让读者在短时间内掌握最实用的技术和方法，少走弯路，直达目的，是现实的需求。本书按照应用场景、软件版本、案例分享、技巧点拨几个部分组成。

应用场景：描述软件功能适用于哪些场合，让读者第一时间判断是否与他的工作有关联，一方面避免浪费不必要的时间，一方面激发学习的动机。

软件版本：说明案例中用到的具体版本，之所以要介绍软件版本，是因为同一软件的不同版本之间界面和功能有些差异，写明版本有利于读者对号入座，便于学习。

案例分享：笔者以亲身编制测试的工作案例为导引，给读者呈现一个清晰的工作流程和方法，体现实用性和真实性。

技巧点拨：是笔者在多年工作中摸索出来的软件实用技巧，让读者巧走捷径，快速提升技能，节省单打独斗摸索的时间。

使用方法

作为非专业人士平常也无暇系统学习办公软件的使用。本书是教学、培训、办公的实用型工具书，以真实丰富的案例为载体，可操作性极强。对于初学者可以现学现用，在实践中提升操作技能；对于办公软件操作基础较好的，可以抛砖引玉，领航系统学习，进一步掌握高级办公技巧；对于广大工作人员，可作为案头必备即查即用的参考书。

目 录
CONTENTS

第1章　文档处理高级技巧

　　Word 是我们日常办公用得最为普遍的软件之一，一般拿它来编辑文档，但它有很多高级功能知之者甚少。如自动添加目录、给章节或小标题自动编号，给图表自动插入标注；运用模板、样式等实现对文档格式的统一调控；通过主控文档对长篇文档的组织管理等。适当运用这些技巧，可以大大提高工作效率，给工作带来极大方便。

本章精要：

◆快速选定文本

◆巧妙查找替换

◆灵活图文混排

◆文字特殊效果

◆活用文档模板

◆样式调控文档

◆自动插入目录

◆自动插入编号

◆自动插入题注

◆主控与子文档

1.1 快速选定文本技巧

〔应用场景〕

Word 是我们平常工作必不可少的一个办公软件，输入 Word 文档内容后一般需要设置字体颜色、字号大小、段落格式等。编辑 Word 文档必须遵循的一个规律就是"先选定后操作"，只有选定了文本内容，所有编辑才能生效。要想提高 Word 文档编辑的速度，必须熟练掌握快速选定文本的技巧。在 Word 文档中选择文本有三种方式，使用鼠标选择文本、使用键盘选择文本、使用鼠标和键盘相结合选择文本。

〔软件版本〕

Word 2019

〔案例分享〕

案例一：使用鼠标快速选择文本

编辑 Word 文档时，一般用户都习惯使用鼠标来选定文本，常用的如选定词语、选定连续单行或多行、选定全部文本等。

1. 选定词语

将插入点放置在文档某词语或单词中间，双击鼠标左键即可选定该词语或单词。如图 1–1。

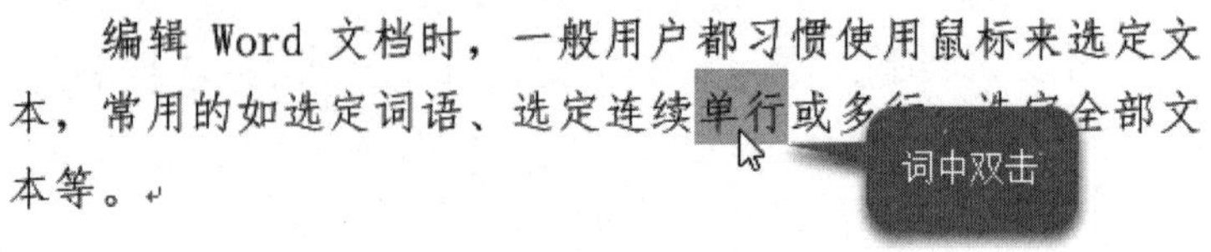

编辑 Word 文档时，一般用户都习惯使用鼠标来选定文本，常用的如选定词语、选定连续单行或多行、选定全部文本等。

词中双击

图 1–1

2. 选定单行

将光标移动到需要选择行的左侧空白处，当鼠标变为箭头形状时，单击鼠标左键，即可选定该行。如图1-2。

编辑 Word 文档时，一般用户都习惯使用鼠标来选定文本，常用的如选定词语、选定连续单行或多行、选定全部文本等。

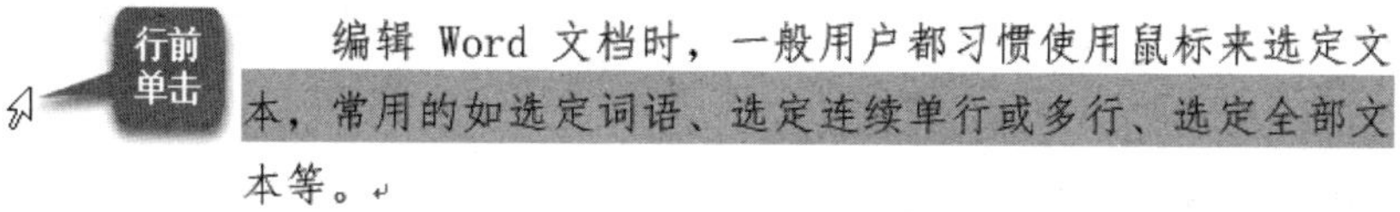

图 1-2

3. 选定段落

方法一：将光标移动到需要选择段落的左侧空白处，当鼠标变为箭头形状时，双击鼠标左键，即可选定该段。如图1-3。

编辑 Word 文档时，一般用户都习惯使用鼠标来选定文本，常用的如选定词语、选定连续单行或多行、选定全部文本等。

图 1-3

方法二：在要选择的段落中快速单击三次鼠标左键即可将该段落选定。如图1-4。

编辑 Word 文档时，一般用户都习惯使用鼠标来选定文本，常用的如选定词语、选定连续单行或多行、选定全部文本等。

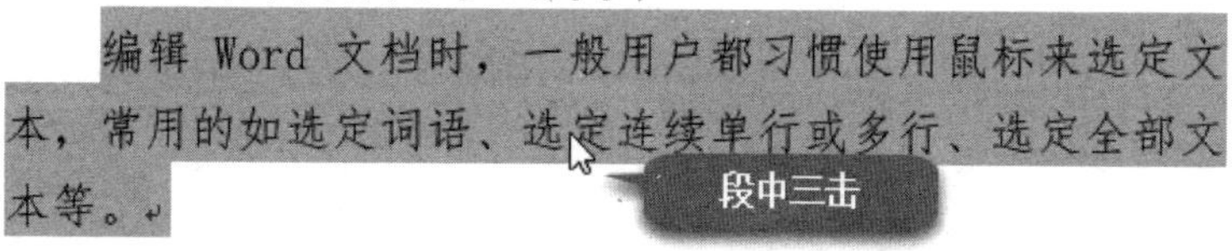

图 1-4

4. 选择连续的区域

在打开的 Word 文档中，先将光标定位到想要选取文本内容的起始位置，按住鼠标左键拖曳至结束位置，松开鼠标左键即可。可以从前往后选择，也可以从后往前选择。如图1-5。

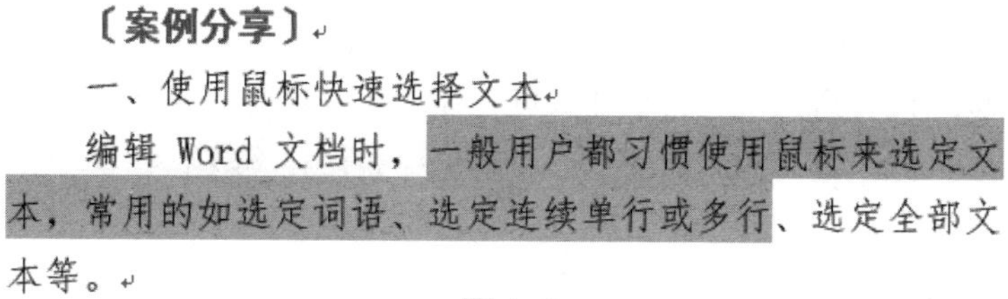

〔案例分享〕

一、使用鼠标快速选择文本

编辑 Word 文档时，一般用户都习惯使用鼠标来选定文本，常用的如选定词语、选定连续单行或多行、选定全部文本等。

图 1-5

5. 选定全文

方法一：打开 Word 文档，将光标定位到文档的任意位置，在"开始"菜单中的"编辑"选项组中，依次单击"选择"→"全选"选项。

方法二：将光标移动到文章的左侧空白处，当鼠标变为箭头形状时，快速单击鼠标左键三次，即可选定全文。

案例二：使用键盘快速选择文本

有时外出办公使用笔记本电脑不便使用鼠标，此时利用键盘来选择文本也是一种有效的方法。Word 2019为快速选择文档提供了大量的快捷键，在使用键盘选择文本时，首先应该在文档中单击，将插入点光标放置到文档中需要的位置。快捷键及其实现的效果如下：

"Shift+ ←"：选择光标所在处左侧的一个字符。

"Shift+ →"：选择光标所在处右侧的一个字符。

"Shift+ ↓"：选择光标所在处至下一行对应位置处的文本。

"Shift+ ↑"：选择光标所在处至上一行对应位置的文本。

"Shift+Home"：选择光标所在处至行首的文本。

"Shift+End"：选择光标所在处至行尾的文本。

"Shift+Pagedown"：选择从光标所在处至下一屏的文本。

"Shift+Pageup"：选择从光标所在处至上一屏的文本。

"Shift+Ctrl+ ↓"：选择光标所在位置至本段段尾的文本。

"Shift+Ctrl+ ↑"：选择光标所在位置至本段段首的文本。

"Shift+Ctrl+ ←"：选择光标所在处左侧的一个字符或词语。

"Shift+Ctrl+ →"：选择光标所在处右侧的一个字符或词语。

"Shift+Ctrl+Home"：选择从光标所在处至文档开头的文本。

"Shift+Ctrl+End"：选择从光标所在处至文档末尾的文本。

"Ctrl+A"：选择整个文档。

连续按"F8"键两次：将在插入点光标所在位置选定一个词或字。

连续按"F8"键三次：将选定插入点光标所在处的整个句子。

〔技巧点拨〕

◆这里在按"F8"键时，实际上第一次按键是设置当前鼠标指针的位置为选定文本时的起点，此时 Word 进入了扩展选择状态，按第二次和第三次键不需要紧随第一次按键。要退出这种扩展选择状态，可以按"Esc"键。退出扩展选择状态时，不会取消对文本的选择状态。

◆连续按"F8"键四次：可以选择插入点光标所在的整个段落。

◆连续按"F8"键五次：可以选择当前的节。

◆连续按"F8"键六次：能够选择整个文档。

这里，在选定段落时，如果段落只有一句话，则选定当前节。在选定节时，如果文档没有分节，则选择整个文档。从上面描述可以看出，按"F8"键选择文本时，是按照词→整句→整段→整节→整个文档这个顺序来进行的。如果按"Shift+F8"键，能将上面介绍的系列操作逆操作。

案例三：使用鼠标和键盘相结合快速选择文本

在进行文档编辑时，同时使用鼠标和键盘能够实现对文档中特定内容的快速选取。经常与鼠标配合使用的是键盘上的"Shift"键、"Ctrl"键和"Alt"键。

1. 选定连续的文本

在文档中单击，将插入点光标放置到需要选择文本的起始位置，按住"Shift"键不放，在拟选文本的结束位置鼠标单击，此时就选定了连续的文本。

2. 选择不连续的文本

选择第一处需要选择的文本后，按住"Ctrl"键不放，同时使用鼠标拖动的方法依次选择文本。完成选择后释放"Ctrl"键，此时就选择出了不连续的文本。如图1-6。

选择第一处需要选择的文本后，按住"Ctrl"键不放，同时使用鼠标拖动的方法依次选择文本。完成选择后释放"Ctrl"键，此时将能够选择不连续的文本。

图1-6

5

3. 选择矩形区域

将插入点光标放置到文本的起始位置，按住"Alt"键拖动鼠标。在需要选择文本的结束位置释放鼠标，则可以在文档中选择一个矩形区域，如图1-7所示。

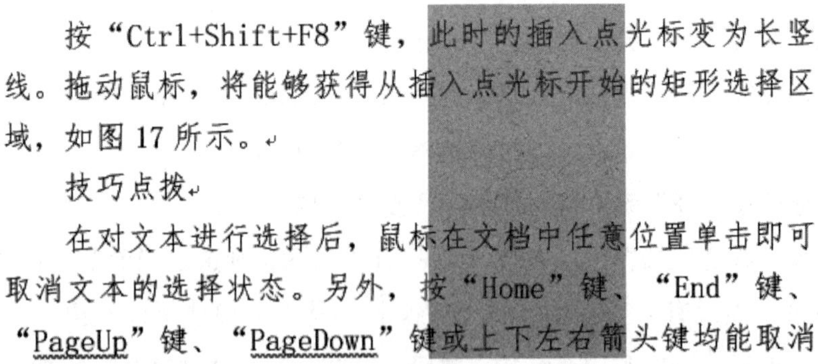

　　　按"Ctrl+Shift+F8"键，此时的插入点光标变为长竖线。拖动鼠标，将能够获得从插入点光标开始的矩形选择区域，如图17所示。

　　　技巧点拨

　　　在对文本进行选择后，鼠标在文档中任意位置单击即可取消文本的选择状态。另外，按"Home"键、"End"键、"PageUp"键、"PageDown"键或上下左右箭头键均能取消

图 1-7

〔技巧点拨〕

在对文本进行选择后，鼠标在文档中任意位置单击即可取消文本的选择状态。另外，按"Home"键、"End"键、"Page up"键、"Page down"键或上下左右方向键均能取消文本的选择状态。

1.2 查找替换的变通应用

〔应用场景〕

我们从网上复制过来的很多文档里面会显示一些怪异的符号。这些符号不仅碍眼，而且会影响我们后期的排版，尤其是对段落的排版。查找和替换是 Office 办公软件常用的一个功能，在长篇文档里需要修改某部分内容的时候，如果用肉眼去寻找"修改点"十分费时费力，而且容易出现遗漏。这时恰当运用查找功能可以很快搜索到相应的目标内容，然后执行删除或者替换为其他需要的内容，可以大大提高我们的工作效率。

〔软件版本〕

Word 2019

Excel 2019

〔案例分享〕

案例一：删除文本中多余的空格

有时从网页上下载来的资料，段首多了一些空格，影响美观，如图 1-8。这时我们可以采用以下步骤清除多余空格：

　　陈翰章（1913—1940），满族，吉林敦化人。抗日战争时期著名抗联将领。 镜泊湖水清亮亮，
　　一棵青松立湖旁。
　　喝口湖水想起英雄汉，
　　看见青松忘不了将军陈翰章。
　　这首至今仍流传在东北地区的民歌，表达了人民对抗日英雄陈翰章的深切怀念。

图 1-8

1. 选中段首多余的空格，复制。

2. 按下快捷键“Ctrl+H”调出“查找和替换”对话框。

3. 点击“查找”→“查找内容”，在输入框粘贴刚才复制的空格。如图1–9所示。如果知道段首多余空格的数量，也可直接输入相应数量的空格。

4. 在“替换为”栏不输入任何内容，点击“全部替换”，则所有段首多余空格被全部清除掉了。如图1–9所示。

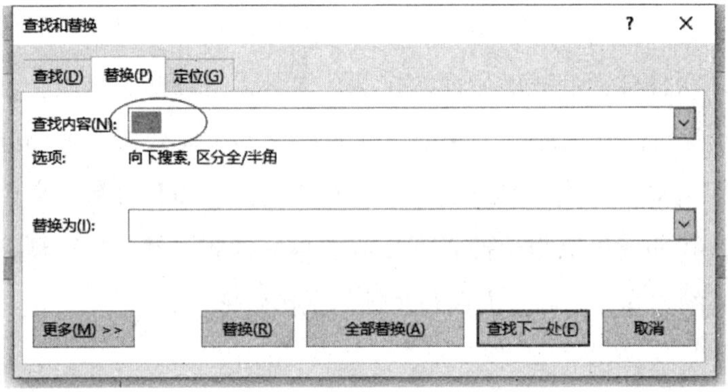

图 1–9

案例二：删除文本中多余的空行

有时从网页上下载来的内容往往带有特殊的网页格式，比如有很多空行，有的还带有很多向下的箭头“↓”。如图1–10所示。很多人此时不知所措，如果手动删除空行，效率十分低下。灵活运用查找、替换功能，可以轻松解决这些繁杂的问题。

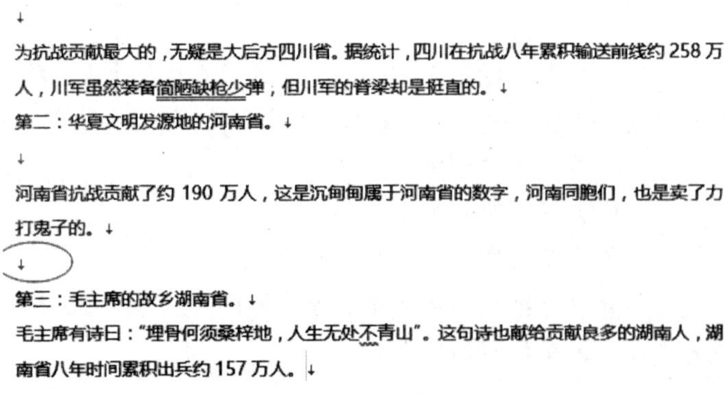
第一：无川不成军的四川省↓

↓

为抗战贡献最大的，无疑是大后方四川省。据统计，四川在抗战八年累积输送前线约 258 万人，川军虽然装备简陋缺枪少弹，但川军的脊梁却是挺直的。↓

第二：华夏文明发源地的河南省。↓

↓

河南省抗战贡献了约 190 万人，这是沉甸甸属于河南省的数字，河南同胞们，也是卖了力打鬼子的。↓

↓

第三：毛主席的故乡湖南省。↓

毛主席有诗曰：“埋骨何须桑梓地，人生无处不青山”。这句诗也献给贡献良多的湖南人，湖南省八年时间累积出兵约 157 万人。↓

图 1–10

在动手之前，我们需要先搞清楚"硬回车"和"软回车"两个概念。在文本编辑的时候，按 Enter 键生成的叫硬回车符号，表示一个段落到此结束；按住"Shift+Enter"组合键输入的是软回车符号，只作分行处理，前后仍属于同一个段落。在 Word 中硬回车是一个向左拐的箭头，电脑识别代码为"^P"。软回车是一个向下的箭头"↓"，电脑识别代码为"^L"，这个符号又叫手动换行符。搞清楚了这些知识后，动动脑子，就可以轻松去掉这些多余符号了。操作步骤如下：

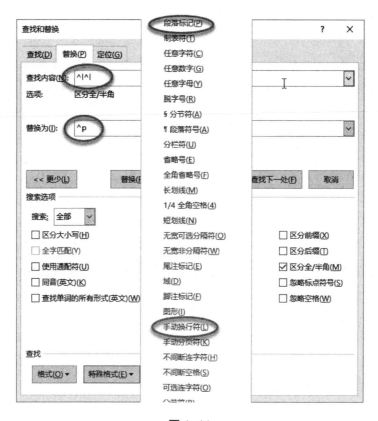

图 1-11

1. 按下快捷键"Ctrl+H"调出"查找和替换"对话框。

2. 将光标插入到"查找内容"输入框，点击"查找"→"更多"→"特殊格式"→"手动换行符"，重复这项操作，则"查找内容"栏添加了两个手动换行符"^L^L"。如图 1-11 所示。

3. 将光标插入到"替换为"输入框，点击"更多"→"特殊格式"→"段落标记",则"替换为"输入框里就输入了一个段落标记符号"^P"。如图1-11。这样做的目的是将两个软回车替换为一个硬回车,消除带有软回车的空行并分段。

4.单击"全部替换",则空行被消除掉了。举一反三,灵活运用,一切多余的特殊符号都可以用这个办法轻松替换掉。

案例三:给试卷填空题批量添加下划线

有时在设计调查问卷或学生考试试题的时候,需要填空的地方往往要留出一条下划线。如果按部就班地输入下划线很麻烦,需要频繁地切换中英文输入法,还要用到组合键"Shift+_",严重影响输入的速度。转变一个思路,其实可以这样做效率更高:当编辑填空题需要学生作答的地方直接输入空格,然后利用替换功能将空格全部替换为下划线就行了,操作方法如下:

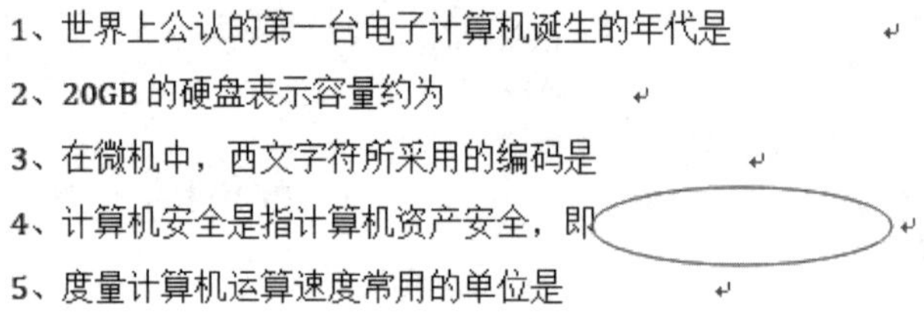

1、世界上公认的第一台电子计算机诞生的年代是

2、20GB 的硬盘表示容量约为

3、在微机中,西文字符所采用的编码是

4、计算机安全是指计算机资产安全,即

5、度量计算机运算速度常用的单位是

图 1-12

1.根据填空题答案的字符长短直接输入相应个数的空格。如图1-12所示,回车符前面空白处是空格。

2.按下快捷键"Ctrl+H"调出"查找和替换"对话框。

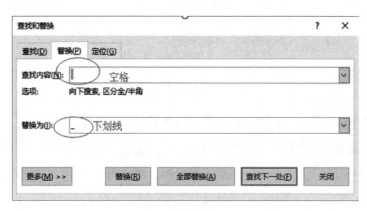

图 1-13

3. 点击"替换"选项卡，在"查找内容"文本框中输入一个空格。如图 1–13 所示。

4. 将光标置于"替换为"输入框输入一个下划线符号。如图 1–13 所示。

1、世界上公认的第一台电子计算机诞生的年代是_____

2、20GB 的硬盘表示容量约为_____

3、在微机中，西文字符所采用的编码是_____

4、计算机安全是指计算机资产安全，即_____

5、度量计算机运算速度常用的单位是_____

图 1–14

5. 点击"全部替换"，则所有需要填空的地方都自动添加了下划线。如图 1–14。是不是太神奇了？没有做不到，只有想不到的吧！

案例四：用通配符"*"把所有书名批量替换成红色字体

我们可以用通配符"*"批量替换格式，如图 1–15，所有书名用红色字体凸显出来。

《秘密》[澳] 拜恩　著，谢明宪　译 / 2013-06-01 / 湖南文艺出版社

《力量》[澳] 朗达·拜恩（Rhonda Byrne）　著，郑峥　译 / 2012-10-01

《吸引力法则》[美]埃斯特·希克斯，杰瑞·希克斯　著 / 2012-05-01 / 中国城市出版社

《透析童年》王树　著 / 2009-06-01 / 中国妇女出版社

《人性的弱点》戴尔卡耐基　著，刘祜　译 / 2011-03-01 / 陕西师范大学出版社

图 1–15

1. 先用"Ctrl+H"开启查找替换窗口，勾选"使用通配符"选项。

2. 在"查找内容"文本框中输入"《*》"，其含义为查找书名号中的全部内容。

3. 将光标插入到"替换为"输入框，点击"更多"→"格式"→"字体"，弹出"查找字体"对话框，将字体颜色设为红色。如图 1–16 所示。

4. 点击"全部替换"，则所有的书名变成了红色字体。

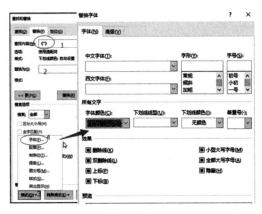

图 1-16

案例五：用 "[]" 批量输入上下标符号

我们在日常办公中经常会遇到需要输入 m^3（立方米）、cm^2（平方厘米）等符号称为上标，大家可以按这样的思路解决，高效快捷。

1. 根据需要直接输入 "m^3" "cm^2" 等符号。

2. 选中需要上标效果的区域，按下快捷键 "Ctrl+H" 开启查找替换窗口，勾选 "使用通配符" 选项。

3. 在 "查找内容" 文本框中输入 "[32]"，其含义为查找所有数字 "3" 和 "2"。

4. 将光标置于 "替换为" 输入框，点击 "格式" → "字体"，在弹出的 "替换字体" 对话框勾选 "下标"，点击全部替换，则所有需要下标的地方都自动替换成了需要的效果。如图 1-17 所示。

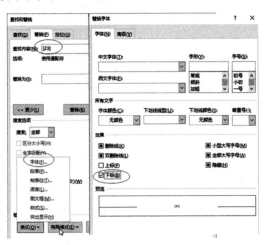

图 1-17

案例六：快速统一调整日期格式

有时我们在收集汇总基层单位上交的电子表格，往往是日期格式的输入五花八门，既影响了美观，也对统计汇总造成障碍。如图1-18所示。这里我们可以灵活运用查找替换功能，很快让日期格式变得整齐划一。

1. 按下快捷键"Ctrl+H"开启查找替换窗口。

2. 在"查找内容"文本框中输入"."（半角状态下的句号）。如图1-19所示。

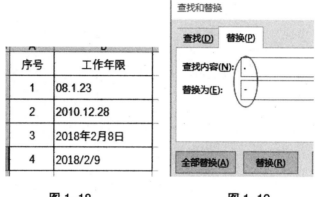

图 1-18   图 1-19

3. 在"替换为"文本框输入"-"（半角状态下的短横线），点击"全部替换"，则所有的圆点被统一成了如图1-20所示的格式。

4. 点击Excel的"开始"→"字体"，弹出设置单元格格式对话框，点击"数字""日期"，选择一种日期格式，如图1-21所示。点击"确定"，则所有的日期格式得到了统一。

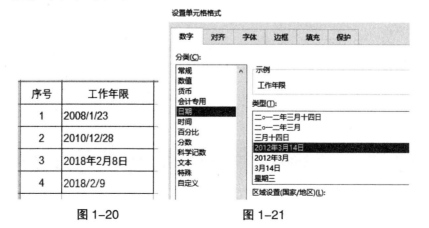

图 1-20   图 1-21

案例七：将 word 中的一段数据自动粘贴到电子表格中

有同事请教，如何把 word 中的所有学校名称一次性自动粘贴到电子表格中，一所学校占据一行。如图 1-22 所示。

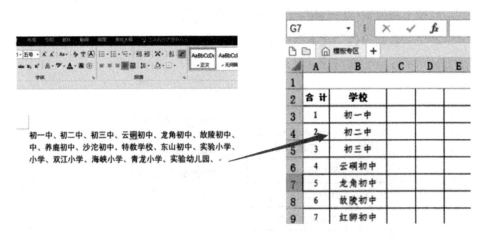

图 1-22

其实这个并不难，只是需要转换一下思维方式，先将 Word 中的顿号替换成行，然后就可以一次性粘贴进电子表格了，具体步骤如下：

1. 选中 Word 中的全部内容，按下快捷组合键 "Ctrl+H"。

2. 在"查找内容"栏输入"、"，在"替换为"栏输入特殊格式里面的段落标记"^p"，点击确定。如图 1-23 所示。

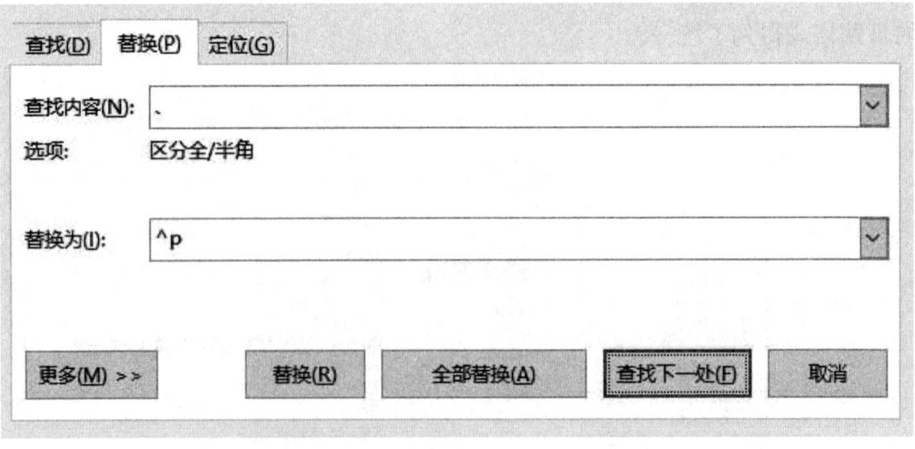

图 1-23

这时所有的顿号就被转换成段落标记，原来的一段文字也就按学校名称分成若干个自然段了。如图1-24左图所示。

3. 复制Word中已分好段落的文字，在Excel中的B2单元格点击右键，选择"粘贴"，则所有学校名称乖乖地进入电子表格，一个学校对应一行，完全达到预期目的。如图1-24右图所示。

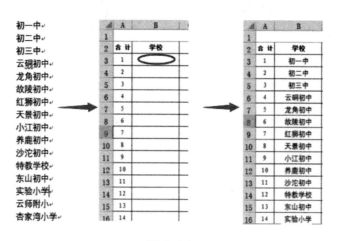

图1-24

〔技巧点拨〕

办公软件常用通配符查找对象，灵活运用能够大大提高工作效率。常见的通配符及其用法如下表。

常见的通配符及其用法一览表

查找对象	通配符	举例
任意单个字符	？	"蓝？公司"可找到"蓝天公司"和"蓝羚公司"
任意字符串	*	"蓝*公司"可找到"蓝羚公司"和"蓝羚花木公司"
单词开头	<	"<(Inter)"可找到"Interesting"和"Intercept"，而不会找"Splintered"
单词结尾	>	"(In)>"可找到"In"和"Within"，而不会找"Interesting"，"<（Pre）*（Ed）>"可查找"Presorted"和"Prevented"
指定字符之一	[]	"［记纪］录"可找到"记录"和"纪录"

指定范围内任意单个字符	[-]	［R－T］Ight 可找到"Right""Sight"，必须用升序来表示该范围
方括号内字符以外的任意单个字符	[!]	"M［！A］St"可找到"Mist"和"Most"，而不会找"Mast"
指定范围外任意单个字符	[!X–Z]	"T[!A–M]St"可找到"Tock"和"Tuck"，而不会找到"Tack"或"Tick"

1.3 让文字图片和平相处

〔**应用场景**〕

在使用 Word 文档过程中，经常会遇到需要插入图片的情况。很多人对于如何实现图文混排显得手足无措，这些图片往往在文章里面不听话，四处乱跑就是到不了指定的位置。其实这就是 Word 中图片的文字环绕问题，熟练掌握了它，就会乖乖地听你摆布了。

〔**案例分享**〕

按不同需求设置合适的文字环绕方式。当在文档中插入图片后，"格式"菜单被激活，点击"格式"→"环绕文字"，可以看到不同的文字环绕方式，如图 1-25 所示，其功能效果如下。

嵌入型：嵌到某一行里面，只占据一行的位置，上部多余的部分覆盖在文字的上方。嵌入型的图片位置难以拖动。

四周型环绕：文字环绕在图片四周，可以跨多行，但是图片四周是以矩形对齐的。

紧密型环绕：文字环绕在四周，可以跨多行，但当"编辑环绕顶点"时移动顶部或底部的编辑点，使中间的编辑点低于两边时，文字不能进入图片凹陷进去的地方。

穿越型环绕：与紧密型类似，但当"编辑环绕顶点"时移动顶部或底部的编辑点，使中间的编辑点低于两边时，文字可以进入图片凹

图 1-25

陷进去的地方。

　　上下型环绕：图片单独占据一行，文字分别在图片上方和下方。

　　衬于文字下方：作为底图放在文字的下方，这种环绕方式不便移动图片。

　　浮于文字上方：作为图片遮盖在文字上方，如果图片是不透明的，那么文字会被完全遮挡。

　　所有环绕方式效果如图1-26所示。

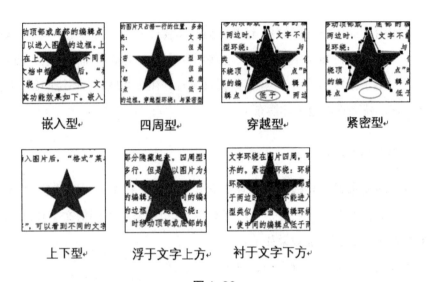

嵌入型　　　　四周型　　　　穿越型　　　　紧密型

上下型　　　　浮于文字上方　　衬于文字下方

图1-26

1.4 给文字添加特殊效果

〔应用场景〕

有时在欣赏杂志或者电子小报时，你会发现一些新奇的排版布局，如文字外边套一个圆圈、方框之类的特殊格式，小白觉得新奇又不知如何实现。其实，只要安装新版本的 WPS 或者 Word2019 就能轻松实现这些奇妙的效果。

〔软件版本〕

WPS 2019

Word 2019

〔案例分享〕

在文档适当位置如题目或段首进行一些装饰，会给人带来耳目一新的感觉。

1. 给文字加个框

（1）选中需要添加边框的文字。

（2）点击"开始"菜单中的"字符边框"图标，如图 1-27 所示。

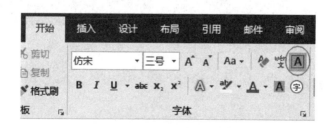

图 1-27

2. 给文字加个圈

（1）选中需要添加圆圈的文字。

（2）点击"开始"菜单中的"带圈字符"图标，在弹出的"带圈字符"对话框中我们可选择三种样式：无、缩小文字、增加圈号，在圈号中我们可以选择圆圈、方框、三角形、四方开等形状。

（3）选择需要添加的形状，然后选择"缩小文字"或者"增大字号"的样式。点击"确定"，得到想要的效果。如图1-28所示。

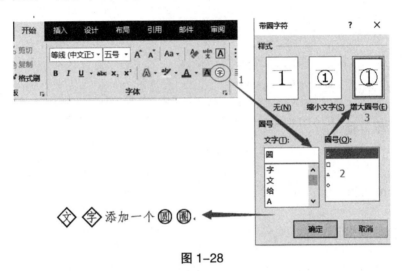

图 1-28

3. 给汉字注音

（1）选中需要标注拼音的文字。

（2）点击"开始"菜单的"拼音指南"图标，如图1-29所示。

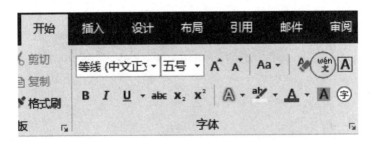

图 1-29

（3）在弹出的"拼音指南"对话框中，默认状态是给单字添加拼音，如果勾选"组合"则所有选中对象和拼音将组合成一个整体。

（4）设置好字体、字号、偏移量等参数，即可预览设置效果，点击"确定"。如图1–30所示。

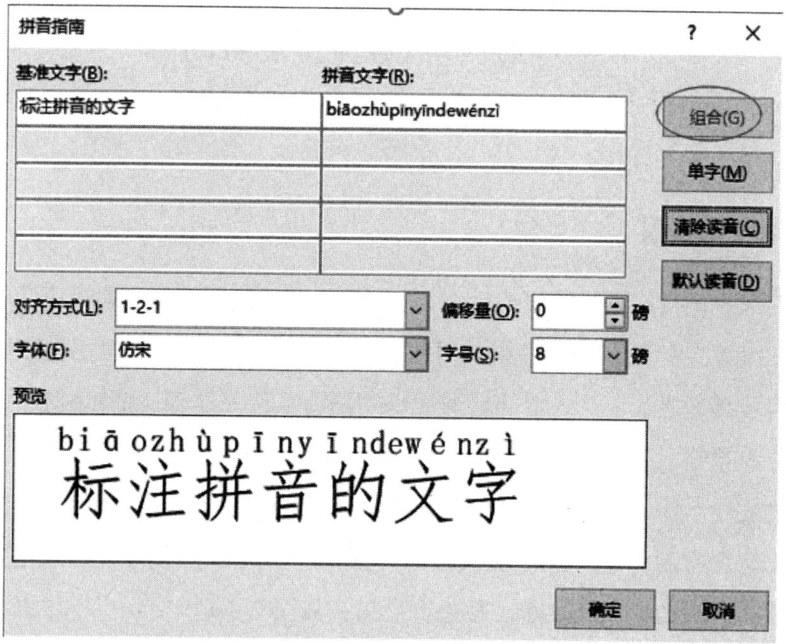

图 1–30

1.5 利用模板避免重复劳动

〔**应用场景**〕

工作中，我们经常需要编辑 Word 文档，比如编写教案、编辑论文、编制工作方案等。一般老师在编辑的时候往往就很随意，经常出现字号字体不统一，编号级别混乱，让人啼笑皆非。特别是公文诸如通知、请示和报告之类，要求更为严格。文体不同，字体、字号、行间距等格式要求也不相同，文件红头、文号、抄送单位、署名落款都有固定的格式要求，稍有疏忽就会出错。如果我们每次制作这些规范性文件的时候都从头再来，费时费力而且容易出现失误。如何提高工作效率，避免出错呢？利用 Word 模板就可以很好地解决这一问题。

〔**软件工具**〕

Word 2019

〔**案例分享**〕

1. 制作模板

按文件格式要求编辑好文档，设置好文件头、署名、字体字号、段落格式、单位署名、页眉页脚，如图 1-31。

2. 保存模板

点击"文件"→"保存"，在弹出的对话框里保存类型选择"Word 模板"，将文件名命名为自己熟悉的名称如"渝东北发文模板"。如图 1-32 所示。

3. 应用模板

以后需要编辑同类型的文档时，只需点击"文件"→"新建"→"个人"，选择刚才建立的模板"渝东北发文模板"，就打开了刚才建立的模板文档，如图1-33所示。将原有的内容替换为新的文本内容，格式完全跟保存模板前的一模一样，省去了从头处理文档格式的环节，节约大量的宝贵时间，关键是保持了文档格式的规范统一。

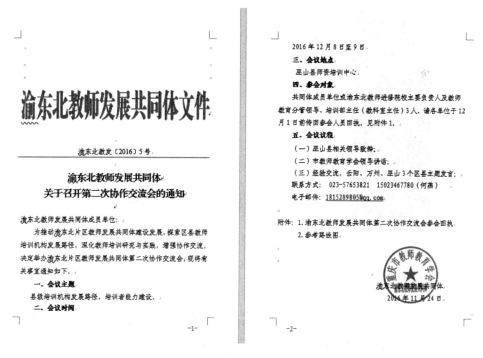

图 1-31

图 1-32

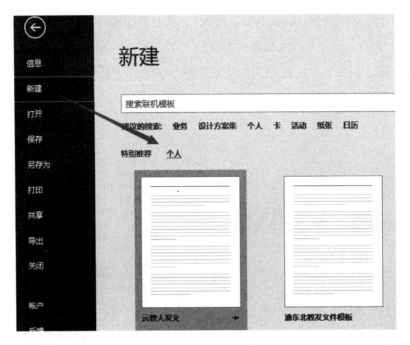

图 1-33

〔**技巧点拨**〕

利用 Word 模板快速设置文档格式，大大地提高了文档编辑的效率，但是这种办法只能在本机上进行，一旦离开自己的电脑，刚才设置的模板又不见了，是不是又得重新设置模板呢？非也，凡事只要肯动脑筋，办法总是有的。

◆通过搜索，找到模板的藏身之所。模板文件保存的路径一般在"我的文档"的"自定义 Office 模板"文件夹中，如 C:\Users\Y\Documents\ 自定义 Office 模板。如图 1-34。

◆将模板文件上传到云盘或者自己的邮箱，在其他电脑上使用前，双击打开，再重复前面案例分享的第三步，另存为"Word 模板"，就可以一劳永逸了。

SYSTEM (C:) › 用户 › y › 文档 › 自定义 Office 模板	
名称	修改日期
PPT美化设计与微课制作	2017/3/6 12:28
报告	2017/6/17 17:04
第一章 网络办公基础篇	2017/8/10 18:12
请示	2016/10/23 17:11
研修网信息上报要求	2017/2/18 11:39
渝东北教发文件模板	2017/2/18 12:37
云教人发文	2017/2/18 11:54

图 1-34

◆掌握模板应用技巧对于教师和其他工作人员非常实用，模板随身携带，在需要撰写论文或者公文的时候拿出模板参照，再也不会出现文章编号混用乱用等低级错误了。如图1-35所示。

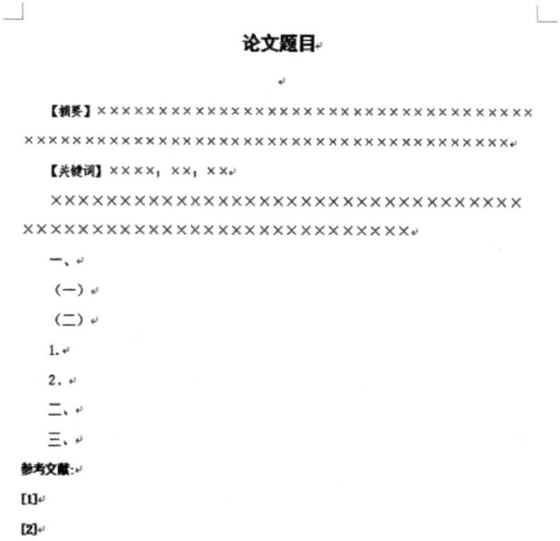

论文题目

【销要】×××××××××××××××××××××××××××
××××××××××××××××××××××××××××××××××
【关键词】××××；××；××
×××××××××××××××××××××××××××××××
×××××××××××××××××××××××××××
　　一、
　　（一）
　　（二）
　　1.
　　2.
　　二、
　　三、
参考文献:
[1]
[2]

图 1-35

1.6 利用样式快速调整格式

〔 **应用场景** 〕

换脸是川剧的一大绝活，变化无穷，神秘莫测，给观众无不留下深刻的印象。其实，办公软件 Word 也有换脸的神奇功能，只是好多人不知道而已。我们知道利用 Word 模板可以快速设置文档格式，节约大量的时间和精力，但对于多达几十页甚至上百页的长篇文档，而文档各个部分的格式要求又比较复杂，比如有多级目录标题反复出现，各级目录格式要求均不相同，仅用 Word 模板的办法就显得捉襟见肘了。这时候，配合使用 Word 样式可以快速换脸，事半功倍，很好地解决这一问题。

〔 **软件工具** 〕

Word 2019

〔 **案例分享** 〕

利用 Word 样式随心所欲地快速修改文档标题或者正文的文本格式，诸如颜色、字体、字号、行间距等。应用样式方法非常简单，步骤如下：

1. 应用样式

打开 Word，点击"开始"→"样式"，输入标题的时候，可以选择一种预设的标题样式如"标题1"，输入文本内容如本节标题"样式，为你文档快速换脸"，效果预览立即呈现出来。在输入正文之前，先选择预设的"正文"样式，接着输入正文内容。如图1–36所示。

2. 修改样式

如果你对系统自带的样式不是很满意或者不符合文件格式要求，可以随意修改为自己想要的格式。方法是点击"开始"→"样式",在刚才应用的样式"标题1"上点右键,选择"修改"。将名称改为便于自己区分的标题比如"一级标题",设置好字体格式如黑体、三号、加粗,颜色为红色,点击"确定"。如图1-37所示。修改样式后,不管多长的文档,凡是应用了样式的地方,立即自动变成了刚才设置的格式即红色的黑体粗体三号字了。

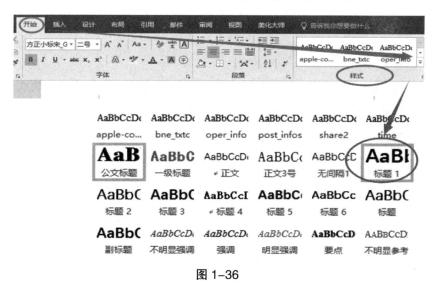

图 1-36

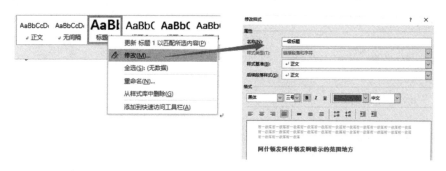

图 1-37

〔技巧点拨〕

对于应用了样式的文档,我们可以随时根据需要修改样式,犹如川剧的换脸术,不管多长的文档,瞬间统一变换格式,效率极高。

1.7 自动插入文档目录

〔应用场景〕

在制作篇幅很长的文件资料或者编辑书籍的时候，往往需要在前面设计一个文档的目录页面方便读者翻阅。很多人在编辑目录页时只知道按住侧边的滚动条前前后后不停地翻动 Word 文稿，查看到每一个章节的页码后，再回到目录页写下页码，循环往复。更要命的是一旦修改文档导致内容篇幅长短发生变化，牵一发而动全身，文档章节页码发生改变以致目录页码错乱，又得卷土重来。还有一个问题是，因为各个章节目录标题长短不一，在目录页容易出现前后上下页码难以对齐的情况。

目录页面编辑犯得着这么累吗？其实，Word 本身是可以自动插入目录而无须手工录入编辑，不管修改文稿多少次，目录页都会自动更新页码，既快捷高效又准确无误。

〔软件版本〕

Word 2019

〔案例分享〕

编辑书籍插入自动更新的目录，阅读电子文稿实现自由跳转。具体方法如下：

1. 应用标题样式

文档编辑完成后，选中将要出现在目录页的标题，点击"开始"→"样式"，选择标题样式如"标题"，可以即时预览样式结果，如图1-38。这样，在接下来插入目录的时候，这个标题就会自动出现在目录页里面了。

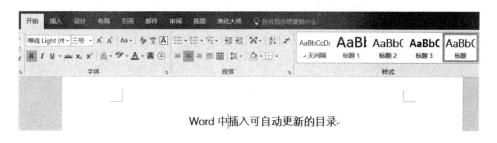

Word 中插入可自动更新的目录

图 1-38

2. 插入分页符。为了目录独立存在于一个页面,将光标定位到需要插入目录的地方,点击"插入"→"分页",插入一个分页符,如图1-39。

3. 插入目录。把光标插入需要放置目录的地方,点击"引用"→"目录",选择"自动目录1",如图1-40。当然也可以选择"自动目录2"或者手动目录。

图 1-39   图 1-40

插入目录后效果如图1-41。

目录

Word 中插入可自动更新的目录 2

利用问卷星实现自动报名签到 2

快速打印结业证书和优秀学员证书 7

用 Word 插入题注功能轻松解决图表编号难题 8

图 1-41

4. 更新目录。修改文档后，目录对应的页码自然会发生改变，这时需要更新目录。点击目录内容后上方会出现"更新目录"字样，点击"更新目录"后弹出对话框，选择"更新整个目录"，确定后就可以看到更新后的目录效果。还可以点击目录后，按下 F9 键，也可以弹出这个对话框。如图 1–42 所示。

图 1–42

〔技巧点拨〕

◆只有应用了标题级别样式的文字内容才会出现在目录当中去，应用"正文"样式的文字内容不会出现在目录页面。

◆插入目录后，按住 Ctrl 键的同时点击目录页面的标题，可以自动跳转到正文相应的位置。

◆阅读或修改正文后，同时按下"Alt+ 向左方向键"，回到原目录；同时按下"Ctrl+Home"快捷键，可以自动跳转到首页。

◆按下"Shift+F5"组合键，就可以将插入点返回到上次编辑的文档位置，当再次按下"Shift+F5"组合键时，插入点会返回到当前的编辑位置，如果是在打开文档之后，立刻按下"Shift+F5"组合键，可以将插入点移动到上次退出 Word 时最后一次编辑位置。

熟练掌握这些技巧，就能轻松阅读、修改篇幅很长的文档或者书籍了，大大提高工作效率。

1.8 文档标题自动编号

〔**应用场景**〕

当文档篇幅很长的时候章节自然也很多，如果逐个给各个章节的标题手动编号就非常麻烦，一旦调整某个章节的顺序，其他的编号也需要手动修改，这样就增加了很多工作量。如何解决这个问题呢？通过给 Word 各级标题添加自动编号的方法，在增加章节或删减章节的时候，标题的编号就随之自动变化了。

〔**软件版本**〕

Word 2019

〔**案例分享**〕

采用修改标题样式的方法给文档章节标题编号，步骤如下：

1.选中运用了标题样式的章节标题，"样式"栏被采用的样式被激活，周围出现一个方框。在这个样式上点击右键，选择修改，弹出修改样式窗口。如图1-43所示。

2.点击"格式"→"编

图 1-43

号"，在弹出的"编号和项目符号"对话框点击"定义新编号格式"。在"标题样式""标号格式"栏选择需要的格式，如图1-44所示。

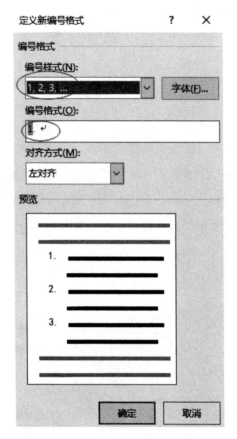

图 1-44

这样文档标题就实现了自动编号，且编号自动更新。

1.9 文章图表自动编号

〔 **应用场景** 〕

编写工作方案、计划总结等材料的时候，经常会插入图片或者表格辅助说明，插图或表格一旦多了就容易混淆，这时就需要对插入的插图或表格进行编号。如果手工对文档中插入的插图逐一编号非常麻烦，一是数量多了的话工作量很大，二是万一增删或移动中间哪一个插图或表格麻烦就更大了，需要逐一修改其后的所有插图或表格编号。其实，我们可以使用 Word 的插入题注功能轻松实现插图或表格的自动编号效果，即使中途修改插图或表格也没关系，因为它可以随时自动更新。

〔 **软件版本** 〕

Word 2019

〔 **案例分享** 〕

案例一：利用 Word 题注功能给文章插图自动编号

1. 给文档插入图片

在编辑好的 Word 中插入来自电脑中或者从网络截取的图片。

2. 给图片插入题注

（1）在插入的图片上点击右键，选择"插入题注"，或者点击菜单命令"引用"→"插入题注"。

（2）设置标签。在打开的"题注"对话框中，展开"标签"右边的选项列表，选择一个系统预设的标签如"图"，则"题注"一栏自动出现当前图片的题注为"图 1"。在"位置"列表中选择标签出现的位置为"项目下方"，点击"确定"按钮。这样，图片下方自动插入题注"图1"。如图1-45所示。

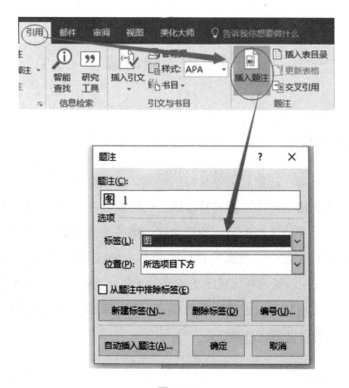

图 1-45

（3）给后面的图片添加题注的时候，在图片上点击右键，选择"插入题注"，则自动插入题注"图2""图3"，依次递增。

3. 修改标签

如果提供的标签不适合您的需要，还可以在"题注"窗口中点击"新建标签"按钮，在弹出的"标签"框中键入新的标签如"图1-"，单击"确定"，以后就会自动插入以你命名的格式编号"图1-1""图1-2""图1-3"了。

案例二：在文章中引用可自动更新的图表题注

给图表插入题注确实方便，既可以自动编号，也可以在删改图表后自动更新编号，从而避免出错。我们可以通过在文档中插入交叉引用，实现引用题注且自动更新的效果。步骤如下：

1. 点击"插入"→"交叉引用"，弹出"交叉引用"窗口。如图1-46所示。

2. 在"引用类型"里选择当前的应用标签，这里的标签为"图1-"，选择具体应用的题注如"图1-46",点击"插入",则将当前题注插入到文档中。

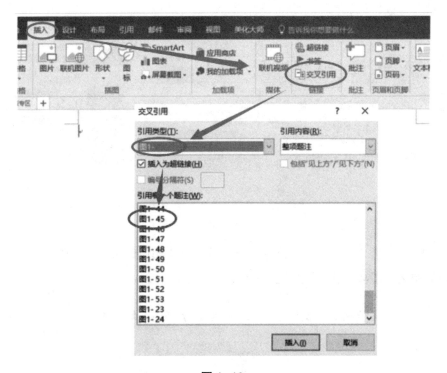

图 1-46

3. 自动更新交叉引用。通过这种办法插入交叉引用后,即使引用的题注因为增删图片发生了变化,文章中引用的地方也会自动发生变化。方法是在文中右击交叉引用的题注,则引用的内容颜色变深,在出现的菜单中点击"更新域",则交叉引用的题注编号就自动更新了。如图1-47所示。

4. 自动更新所有交叉引用。像上面这样操作只能更新一个地方,如果有很多个地方需要更新的话可以这样做:

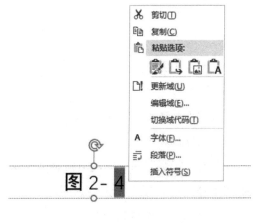

图 1-47

（1）单击一个需要更新的交叉引用，被选中的对象颜色变深。如图1-48所示。

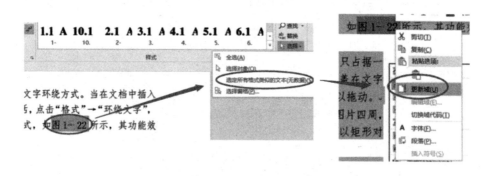

图1-48

（2）单击"开始"→"选择"→"选择格式相似的文本"，则所有需要更新的交叉引用都被选中。如图1-49所示。

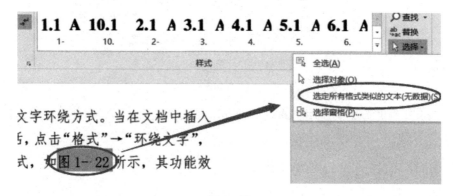

图1-49

（3）在弹出的菜单中选择"更新域"，则所有需要更新的交叉引用对象都被一次性更新了。

案例三：解决打印或者转换成 PDF 格式文档时出现"错误！未找到引用源。"的故障

现象：明明按照正确的方法插入交叉引用，但在打印 Word 文档或者转换成 PDF 格式时，所有插入交叉引用的地方全部变为"错误！未找到引用源"。

解决办法：按下组合键"Ctrl+A"全选文档，按下组合键"Ctrl+F11"锁定全部交叉引用，再打印或者另存为 PDF 就正常了。

当需要更新时，按下组合键"Ctrl+A"全选文档，再按下组合键"Ctrl+Shift+F11"即可解除锁定。

如果要将题注或交叉引用变成永久性普通文本，只需要选中对象后按下组合键"Ctrl+Shift+F9"就可以了。

〔**技巧点拨**〕

◆利用插入题注功能，可以轻松给插入的图片或者图表等对象自动添加编号。

◆如果在 Word 中增删或移动了其中的某个插图或者图表，它后面的标签编号也会相应地自动改变。如果没有自动改变，可以选中 Word 所有文档，然后在右键菜单中选择"更新域"命令。

◆要注意删除或移动插图或表格时，应记得删除原来的标签。

1.10 主控文档调控长篇大作

〔**应用场景**〕

在撰写篇幅达到几十甚至上几百页的长篇文档时，如果用普通的方法进行编辑，查看和修改文档内容需要来回不停地翻动文档，速度就会变得非常慢。如果将文档的各个部分保存为独立的文档，就不便对整个文档作统一的管理。利用"大纲视图"中的主控文档和子文档来组织和编辑长文档，就会使得长文档的编辑和管理变得井然有序。主控文档包含几个独立的子文档，可以用主控文档控制整篇文章或整本书，而把书的各个章节作为主控文档的子文档。这样，在主控文档中，所有的子文档可以当作一个整体，方便对其进行查看、设置格式、校对、打印和创建目录等操作。对于每一个子文档，我们又可以对其进行独立的操作。

〔**软件版本**〕

Word 2019

〔**案例分享**〕

案例一：从现有的长篇大作创建多个子文档

1. 按照章节"1.6 利用样式快速调整格式"介绍的方法，在现有的文档中分别应用不同层级（如：一级标题、二级标题、三级标题）的标题样式，编辑完成文档内容。

2. 点击"视图"→"大纲"，以大纲视图模式显示文档。如图1-50所示。

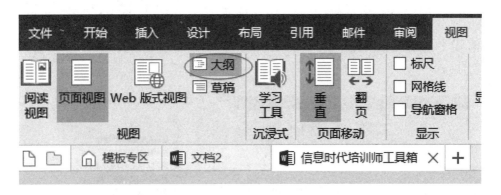

图 1-50

3. 如果要以 "第1章" "第2章" "第3章" ……为单位建立独立的子文档，操作方法如下：

（1）调整 "显示级别" 为2级，使文档内容显示为需要分割出来的10个子文档标题（其一层级的标题及内容隐藏起来了），选中这10个标题。 如图1-51所示。

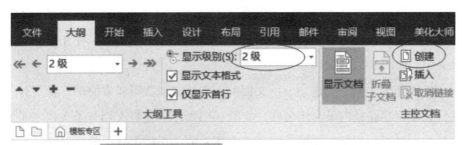

图 1-51

（2）点击上面的"创建"按钮，则原先的文档成为主控文档，刚才选中的10个章节成为10个子文档以链接的方式保存到主控文档中。如图1-52左边所示。

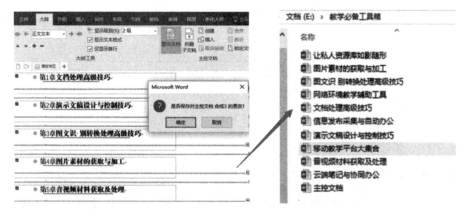

图 1-52

4. 保存文档。选择文档的保存路径，设置文件名，点击"保存"。Word会保存一个主控文档，同时自动保存刚才创建的所有子文档，并且以子文档的第一行文本作为文件名自动命名。子文档和主控文档将会保存在同一个文件夹中。如图1-52右边所示。

5. 展开子文档。当建立了子文档后，主控文档变得非常简单，就只有一些标识了保存路径的子文档名称，如图1-53所示。主控文档与子文档之间保持链接的关系。按住 Ctrl 键的同时点击相应的子文档名称，就可以打开相应的子文档进行编辑了。也可点击"展开子文档"，同时打开所有子文档。

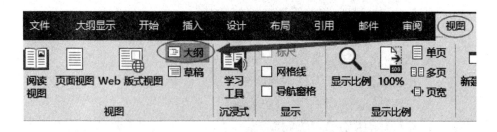

图 1-53

案例二：从现有多个文档创建主控文档

如果事先有多个现成的文档，比如老师按章节编写的教案单独保存为一个一个的 Word 文档，我们可以将它们作为子文档集中保存到一个主控文档中。 这样，就可以用主控文档将以前已经编辑好的文档组织起来。操作方法如下：

1. 打开 Word2019，新建一个文档，点击"视图"→"大纲"，切换到大纲视图。

2. 如果子文档处于折叠状态，先单击"大纲显示"工具栏上的"显示文档"按钮，以激活"插入子文档"按钮。如图 1-54 所示。

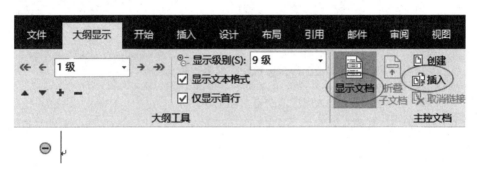

图 1-54

3. 将光标定位到需要插入子文档的地方，单击"插入"，在弹出的"插入子文档"窗口找到需要插入的文档，单击"打开"，如图 1-55 所示，则已有的文档作为子文档插入到当前主控文档中来了。

图 1-55

4.如法炮制，将所有需要插入的子文档插入到主控文档中，保存主控文档即可。

5.点击"展开子文档"→"关闭大纲视图"，即可展开全部子文档，将所有子文档合并成一个文档，便于统一编辑管理。如图1-56所示。

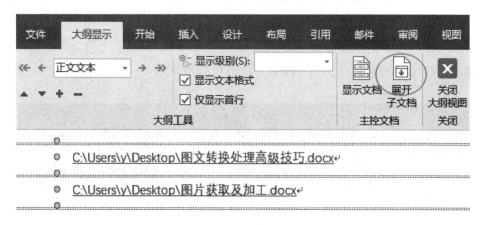

图 1-57

〔技巧点拨〕

◆移动文档位置。如果需要移动文档的位置，将包含主控文档和全部子文档的整个文件夹移动到其他任意位置，主控文档和子文档之间的链接自动更新，不受影响。

◆重命名子文档。在创建子文档时，Word 会自动以第一行文字为子文档命名。如果用户为了便于记忆管理，可以为该子文档重命名。但是切记不能在资源管理器里直接对该子文档重命名，也不能单独移动子文档的保存路径，否则，主控文档将找不到子文档的路径。应该按如下步骤对子文档进行重命名。

（1）打开主控文档，并切换到主控文档显示状态。

（2）单击要重新命名的子文档的超级链接，打开该子文档。

（3）将子文档另存为新的文件名并保存。

第2章 演示文稿设计与控制技巧

演示文稿 (PowerPoint，简称 PPT) 是美国微软公司出品的办公软件系列重要组件之一，被广泛应用于工作汇报、企业宣传、产品推介、婚礼庆典、项目竞标、管理咨询等领域，是教学、培训、演讲必不可少的重要软件。一个好的 PPT 让人赏心悦目，给观众留下深刻印象，但是制作一个精美的 PPT 并非易事，只有熟练掌握 PPT 设计与操作的实用技巧，才能让它游刃有余地为我们服务。

本章精要：

◆ 快速美化 PPT

◆ 演示者视图

◆ Word 转换 PPT

◆ 新建电子相册

◆ PPT 控制快捷键

◆ 远程联机演示

◆ PPT 打印技巧

◆ 手机遥控 PPT

◆ 扫描观看 PPT

◆ 制作交互测试题

2.1 美化大师扮靓 PPT

〔**应用场景**〕

论坛讲座、学术报告、教师给学生上课等等一般都离不开演示文稿 PPT。身边不乏这样的例子，有的讲稿密密麻麻摆满了很小很小的文字，有的讲稿字体颜色跟背景色混在一起迷迷糊糊。这种讲稿制作者本人在电脑面前能看清，殊不知会场大多数的人都是看不清的。这种人纯粹就是把 PPT 当作 Word 来用，他的演示文稿仅仅是自己用的讲稿而已。他根本不知道 PPT 主要是给观众看的，所以要做到主题鲜明、科学排版、美观醒目。其实，有了美化大师的出现，它完全可以让菜鸟们丑陋不堪的 PPT 来个华丽转身。

〔**软件版本**〕

美化大师 2.0.9.0400

〔**案例分享**〕

作为菜鸟制作 PPT 时，总想找一个现成美观的模板来套用，美化大师就可以满足你的这个愿望。安装美化大师后，菜单栏就自动添加了"美化大师"这个菜单，点击"美化大师"，它下面会出现"账户""美化""在线素材""新建""工具"等几个子菜单。如图 2-1。

图 2-1

1. 套用现成模板制作 PPT

领导做年终总结报告，安排你给他做一个体面的述职报告 PPT。你苦于做不出精美的效果，就套用现成的模板吧。

（1）点击"美化大师"→"在线素材"→"范文"，在弹出的"文档"里面罗列了很多财务会计、策划宣传、党政机关、法律文书、计划总结、教育培训等十几个类别的文档模板。选择计划总结里面的一个模板，会出现预览效果。如果预览满意了，可以点击右下角的"+"，则打开这个模板文档。

（2）修改文字内容，使之成为自己的内容。

（3）替换相关图片。在图片上单击右键，选择"更改图片"→"来自文件"，更换为自己的图片。也可在线搜索图片，点击"美化大师"→"图片"，在弹出的窗口搜索框里输入关键词如"2016"，则出现相关图片。选择符合要求的图片，点击右下角的"+"插入图片。而且这样插入的图片是透明背景，干净利落。如图 2-3。

图 2-2

图 2-3

2. 更换背景

如果对背景颜色不是很满意，可以点击"更换背景"，在弹出的对话框中选择合适的风格，点击右下角的"+"套用至当前文档。如果觉得这样麻烦，有更为简单的操作，就是直接选择"魔法换装"。不一会，美化大师

图 2-4

就自动为你的 PPT 换装了，如果还是不满意，可以重复换装，直到满意为止。

3. 插入画册

美化大师有插入画册的功能，做得比较炫，有很多预设的模板可用，省去了设计的烦恼。

（1）点击"美化大师"→"画册"，在弹出的"画册"对话框选择合适的模板套装。

（2）从底部选择不同的布局模板，点击右边界面的加号按钮，添加自己的照片。如图 2-5。

（3）点击"完成并加入 PPT"，则设计好的画册就插入到了当前的 PPT 页面了。

图 2-5

4. 批量替换字体

美化大师还有一个强大的替换字体功能。点击"替换字体"按钮，弹出

"替换字体"属性设置对话框。在"范围"栏勾选需要替换的页面范围,"对象"栏设置替换的具体对象,还可以对字体、字号、粗体、斜体、下划线等进行设置。如图2-6。

图 2-6

2.2 活用 PPT 演示者视图

〔应用场景〕

我们在做报告、讲座的时候，总是担心忘词，或者思维短路不知道下一步将要讲什么。为了避免这一情况的出现，于是有的人就把所有要说的话都放到 PPT 上面。这样显然是不可取的，因为这样就跟 Word 没有两样了。没有考虑到 PPT 应该以观众为本，而不是演讲者本人的讲稿，对于远距离的观众根本就看不清上面的文字。那么，一个很好的解决方案就是利用演讲者模式，可以提前预览下一步将要出现的内容，也能够看到备注的内容。

〔软件版本〕

PowerPoint 2019

〔案例分享〕

演讲者利用 PowerPoint 幻灯片演示者视图克服忘词的烦恼。

1. 在每页 PPT 下面添加备注

点击"视图"→"普通"→"备注"，在 PPT 的下面输入框输入备注。这些内容只在演讲者的屏

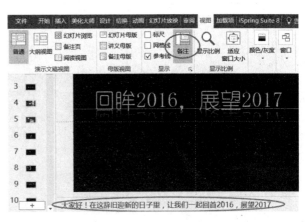

图 2-7

幕出现，而不会在观众的屏幕上显示。

2.连接第二台显示器

在电脑的显示输出接口上连接好第二台显示器比如投影仪，接通电源。由于还没有进行任何设置，所以第二台显示器没有显示内容。

3.将电脑显示内容扩展到第二台显示器上

在第一台显示器上，访问"控制面板"→"外观和个性化"→"显示"→"连接到外部显示器"，单击"检测"按钮，然后在多显示器下拉列表中选中"扩展这些显示"，最后单击下方的应用按钮。系统询问"是否保留设置"，单击"保留更改"，第二台显示器点亮，最后单击确定。

4.启动演示者视图

点击 PPT 菜单栏"幻灯片放映"，勾选"使用演讲者视图"。如图2-8所示。

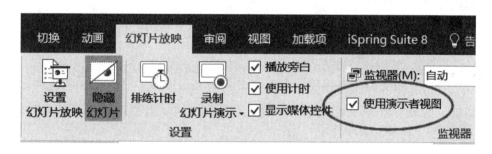

图2-8

5.播放幻灯片

点击菜单栏"幻灯片放映"→"从头开始"或直接按 F5 键，幻灯片开始放映。这时观众和演讲者本人看到的界面是不一样的。演讲者既看得见左侧当前页的内容，也能看到下一页将要出示的内容，更人性化的是还能看得见当前页备注的内容(讲义)。左侧的内容是呈现在大屏幕上的内容，观众只能看见当前页幻灯片而看不见备注内容及其他；右边呈现下一张幻灯片及当前幻灯片的备注内容，只有演讲者本人看得见。演讲者还可以调用激光笔、放大、黑屏等工具，方便地控制幻灯片的播放。如图2-9所示。

图 2-9

〔技巧点拨〕

　　演示者视图很好地为演讲者提供了方便，避免忘词等问题的出现，但建议这种视图模式下慎用超链接。

　　当点击 PPT 的超链接后，会在演讲者的电脑屏幕上显示出这个链接的文件，但投影屏幕上是黑色的。原因是在启用演示者模式下点击链接时，Windows 系统就自动把电脑屏幕和投影屏幕变成了扩展模式。很多没有经验的演讲者遇到这种情况而手足无措，欲哭无泪。

　　解决的办法是：只要用鼠标把这个链接文件从窗口拖曳到投影的屏幕上，观众就见链接的内容了。

2.3 Word 快速转换 PPT

〔**应用场景**〕

作为办公室工作人员，可能你经常会遇到这样的情况，好不容易给领导写好讲话稿，他又叫你把它制成 PPT，而且要尽快完成。你只好从 Word 一句一句复制到 PPT 里面去？我的天，这不是要命的节奏吗？你要是这样做的话真是大错而特错了，不累死才怪！我告诉你一个绝招实现一举两得的效果——Word 秒转 PPT。

〔**软件版本**〕

Powerpoint2019

〔**案例分享**〕

快速实现 Word 文档转换成 PPT。

1. 修改 Word 大纲级别

打开制作好的文档，点击"视图"→"大纲"，进入大纲视图模式，将光标移到文档标题所在行，按左上角箭头调整标题显示的级别，按照需要分别调整好各级标题的级别。如图 2-10。

2. 导入到 PPT

打开 PPT，点击菜单

图 2-10

"插入"→"新建幻灯片"→"幻灯片从大纲",找到保存的 Word 文档,一会后,Word 文档各级目录自动进入到 PPT 里面来了。你观察会发现,PPT 是按照一级目录多少自动判断分页的,一个一级目录它所辖的下级别目录分到同一页 PPT 上面,有多少个一级目录就会产生多少页幻灯片,效率是不是很高呢。如图 2-11。当然,正文内容是不会进入 PPT 的,也没有必要进入的,不然 Word 跟 PPT 还有什么区别呢,二者是有着不同的功能定位的。

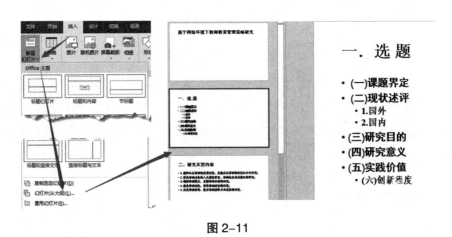

图 2-11

3. 美化 PPT

当你惊奇地发现,从 Word 导入到 PPT 原来可以这么快捷后,剩下的就是美化 PPT 了。你要问我如何美化,当然套用系统自带的主题格式最快了,按照"2.1 美化大师扮靓 PPT"章所讲用美化大师美化也是不错的选择。至于其他手段,就看你掌握的技艺了。

2.4 快速打造视频短片

〔**应用场景**〕

如果你是一位班主任老师，经常要组织班队活动；或者你是一个管理者，活动结束要总结走过的历程和取得的成果；或者你是孩子的家长，在感伤"时间都去哪了"的时候，想制作一个展示宝宝渐渐长大的纪念短片……面临这些情况，这时候你就有了制作电子音乐相册的需要。当然要实现这一目标可以使用专业软件，但普通人士为此大费周章去学习一门软件又大可不必。今天，小编带你用日常办公软件PPT就可以简单轻松制作音乐视频短片。

〔**软件版本**〕

PowerPoint 2019

〔**案例分享**〕

下面以制作"云阳县2017年新教师培训结业短片"为例，清晰展示用Powerpoint制作纪念短篇的过程。

1. 准备素材

巧妇难无米之炊，在调用Powerpoint软件平台之前，建议做好背景音乐、活动视频、活动照片、片头片尾等素材，并存放在同一文件夹下，如图2-12所示。

2. 插入照片

点击菜单栏"插

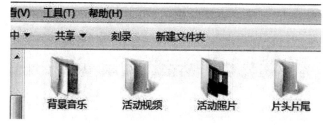

图2-12

入"→"相册",弹出"相册"窗口,点击"文件/磁盘",在弹出的"插入新图片"窗口中选择需要插入的所有图片,点击"插入"。勾选插入的图片,可以调整先后顺序。图片版式可以设置照片"适应幻灯片尺寸",也可以设置成每页显示1、2、4张幻灯片,以及照片是否带有标题。点击确定,不管你有多少照片,转眼间就按照你的要求自动添加到PPT里面去了,省去了你手动一张一张去添加,然后又一张一张去调整大小的时间,效率是不是提高N倍了呢?如图2-13所示。

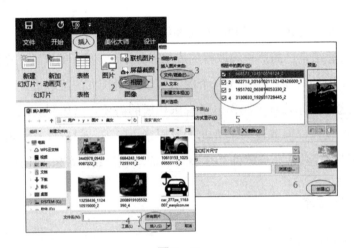

图 2-13

3. 主题设计

导入照片之后,照片尺寸可能大小不一、有的照片背景有空白,这样做出来的作品不美观。此时建议不要为每张幻灯片添加背景图片,那样工作量很大。建议给所有幻灯片添加一个主题,并适当调整部分照片在幻灯片页面的位置,如图2-14所示。

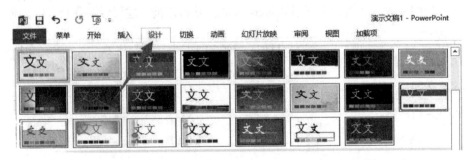

图 2-14

4. 添加片头片尾

为了让纪念短片具有完整性和观赏性，建议添加片头片尾。在插入菜单选项中点击"视频 –PC 机上的视频"，就可以将事先准备好的片头片尾视频添加到幻灯片上，如图2-15所示。当然，也可以用运动的文字、图形、图像及优雅的音乐组合成简洁的片头片尾。

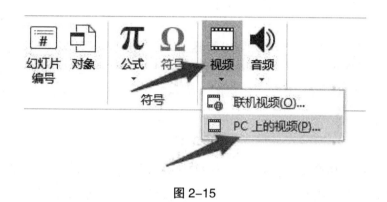

图 2-15

5. 插入小标题幻灯片

"云阳县2017年新教师培训结业短片"由破冰、倾听、分享、观摩、实践五个部分构成，因此，文件中还加入五张"小标题幻灯片"，让作品结构更加清晰，如图2-16所示。

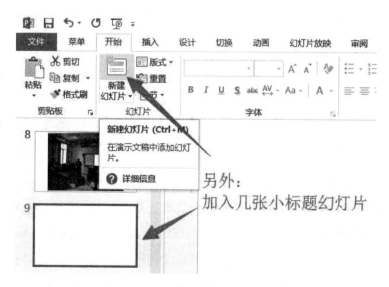

图 2-16

6. 动画设置

按照以上步骤，相册的雏形瞬间就制作好了，但播放时你会发现相册是静态的，不生动。接下来给它添加切换动画就生动起来了。在菜单栏点击"切换"按钮，在出现的窗口中选择合适的切换效果就 Ok 了，如果你觉得依次选择切换效果太慢了，那就全选所有幻灯片，再选择"随机"效果就省心了，每张幻灯片就会自动添加随机的切换效果。如图 2-17 所示。

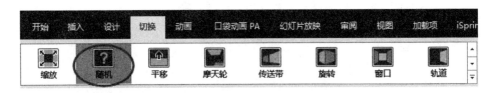

图 2-17

除了添加切换动画，你也可以给每张图片添加动画效果哟，方法是选择图片后点击菜单栏的"动画"，在出现的动画效果里，就可以随心所欲地选择进入、强调、退出的动画效果啦。

7. 为图片添加字幕

好的作品离不开图文并茂。从插入菜单选项中点击"文本框"，即可在幻灯片中添加文本，如图 2-18 所示。

图 2-18

8. 添加背景音乐

好作品更离不开声情并茂。从插入菜单选项中点击"音频 -PC 机上的音频"，如图 2-19 所示。

在"插入音频"对话框中，打开音乐文件所在的文件夹，选择想要插入的音频文件，如《春暖花开》，最后点击"插入"如图 2-20 所示。

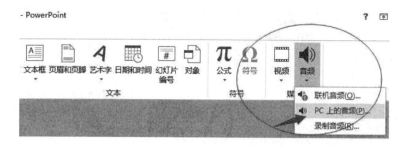

图 2-19

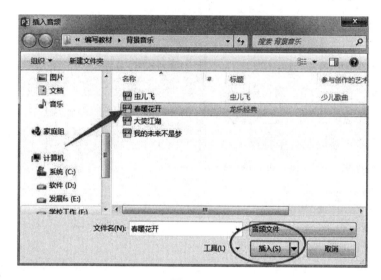

图 2-20

接下来进行背景音乐设置，将"音频选项"中的"跨幻灯片播放""循环播放""放映时隐藏"前面打上钩，其实只需点击"在后台播放"就已经默认设置了，如图2-21所示。

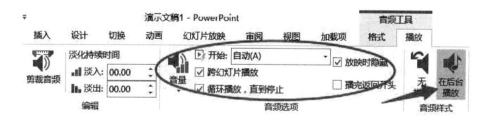

图 2-21

若短片较长，一首歌不能贯穿整个视频时或场景需要更换音乐时，就需要进行音乐播放至哪一张幻灯片的设置。首先选中插入音乐的图标，再点击

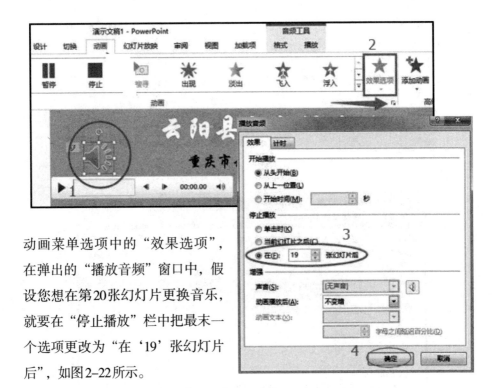

图 2-22

动画菜单选项中的"效果选项"，在弹出的"播放音频"窗口中，假设您想在第20张幻灯片更换音乐，就要在"停止播放"栏中把最末一个选项更改为"在'19'张幻灯片后"，如图2-22所示。

9. 创建视频

做好了上述所有操作，就可以创建视频了。点击文件菜单中的"导出"，就打开了"导出"对话框，按照图中的1234步顺序进行操作，建议"放映每张幻灯片的秒数"设置为03:00，如图2-23所示。

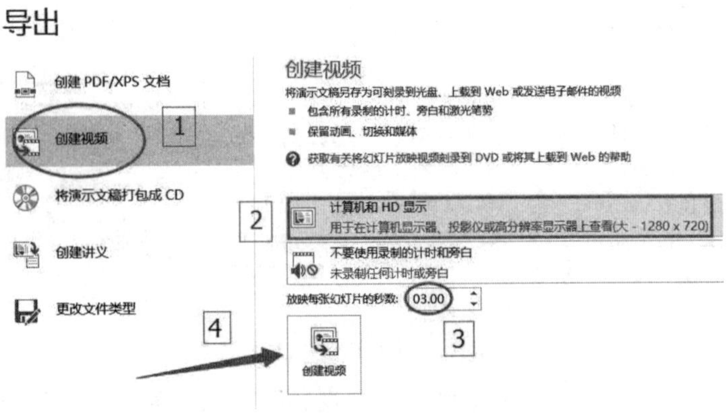

图 2-23

点击上图中的"创建视频",并设置好视频保存位置与名称后,系统开始渲染视频,PPT底部会出现进步条,如图2-24所示。

图2-24

〔**技巧点拨**〕

◆为便于批量导入照片,最好事先将"活动照片"按序编号,如图2-25所示。

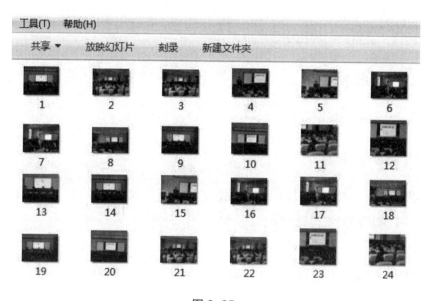

图2-25

◆灵活运用动画中的"效果选项"功能会给作品带来奇特的效果。

◆用"SmartArt"插图会让幻灯片中的内容更清新。

◆灵活运用"形状填充"中的"渐变"功能,会让图形更具层次感。

◆使用"图片工具→格式"选项中的"删除背景",就能对图片的背景做简单删除处理,可以把不需要的背景去除而保留需要的人物或其他内容,即相当于PS里面的抠图功能。

2.5 PPT 控制快捷键

〔**应用场景**〕

Powerpoint 是我们经常使用的软件，在全屏播放模式下进行演示时，通常用户只知道通过空格键或方向键控制幻灯片的演示，而对于一些特殊需求比如黑屏、书写等功能，少有人知道如何实现。如果掌握一些控制幻灯片放映的快捷键，会给我们的使用带来很多方便。

〔**软件版本**〕

Powerpoint2019

〔**案例分享**〕

熟练掌握 PPT 放映时的控制快捷键，提高工作效率。

PPT 常用控制快捷键如下：

F5 键：从头开始播放

Shift+ F5 键：从当前页面开始播放

Ctrl+ F5 键：远程演示

N、Enter、Page Down、右箭头（→）、下箭头（↓）或空格键：执行下一个动画或换页到下一张幻灯片

P、Page Up、左箭头（←），上箭头（↑）或 Backspace：执行上一个动画或返回到上一个幻灯片

B 或句号：黑屏或从黑屏返回幻灯片放映

W 或逗号：白屏或从白屏返回幻灯片放映

S 或加号：停止或重新启动自动幻灯片放映

Esc：退出幻灯片放映

E：擦除屏幕上的注释

H：到下一张隐藏幻灯片

T：排练时设置新的时间

O：排练时使用原设置时间

M：排练时使用鼠标单击切换到下一张幻灯片

同时按下两个鼠标按钮几秒钟：返回第一张幻灯片

Ctrl+P：重新显示隐藏的指针或将指针改变成绘图笔

Ctrl+A：重新显示隐藏的指针和将指针改变成箭头

Ctrl+H：立即隐藏指针和按钮

Ctrl+U：在 15 秒内隐藏指针和按钮

Shift+F10(相当于单击鼠标右键)：显示右键快捷菜单

Tab：转到幻灯片上的第一个或下一个超级链接

Shift+Tab：转到幻灯片上的最后一个或上一个超级链接

2.6 远程联机演示 PPT

〔应用场景〕

　　有时召开临时会议但会场没有投影仪，如何分享 PPT 演示文稿呢？这时可以使用 PPT 联机演示功能将演示文稿分享到参会人员甚至任何地点任何人的手机、Ipad、笔记本电脑等移动终端设备上面，实现远程控制、多屏幕同步演示的效果。

〔软件版本〕

Powerpoint2019

〔案例分享〕

多屏分享幻灯片联机演示功能。

1. 点击"幻灯片放映"→"联机演示"，如图 2-26 所示。

图 2-26

　　2. 如果允许他人下载，就在弹出的对话框勾选"允许远程查看者下载此演示文稿"。如图 2-27 所示。

3. 点击"连接"按钮，弹出"联机演示"对话框，出现链接地址。复制链接，通过 QQ、微信或电子邮件发送给好友，对方点击链接，出现"正在等待联机演示文稿开始"的界面。

4. 远端接收方打开链接地址，等待演示。演讲者点击"开始演示"，对方就可以在手机上或电脑上观看演示文稿的演示界面了。如图 2-28 所示。

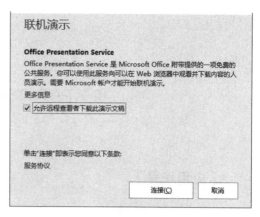

图 2-27

图 2-28

〔技巧点拨〕

◆ Powerpoint 从 2013 版本开始就有了联机演示功能。

◆ PPT 的联机演示需要将演示文稿传输到云端，然后其他用户从云端访问，故远程查看者时间稍有延迟。

2.7 PPT 打印有讲究

〔**应用场景**〕

某县教委面向全县未来名校长、名教师培养对象征集精品培训课程，要求参评者提供一份 Powerpoint 演示文稿和 Word 讲稿的电子件和纸质件。结果发现参评者很少有提交 Powerpoint 纸质件的，其原因是 PPT 页数太多不便打印，有几个提交纸质件的居然将一份上百页 Powerpoint 演示文稿打印成了厚厚的一本书。这说明 Powerpoint 的正确打印方法还是鲜为人知的。

〔**软件版本**〕

Powerpoint2019

〔**案例分享**〕

正确打印 Powerpoint 文档。

1. 点击"文件"→"打印"，在出现的界面根据需要设置打印份数。

2. 设置打印范围。点击"设置"，可以选择打印全部、打印选定区域、当前区域或者自定义打印范围。如图2-29所示。

3. 选择打印版式

（1）单击"设置"→"打印全部幻灯片"→"整页幻灯片"，

图 2-29

弹出"打印版式"对话框。这里可以选择、备注页、大纲或者讲义页。如图 2-30 所示。

（2）设计每张纸打印幻灯片张数。可以选择每张纸摆放1-9页幻灯片，可以选择横式或者竖式。对于页数较多的幻灯片，选择每页摆放多张幻灯片，需要打印的纸张数量自然就很少了。如图2-30所示。

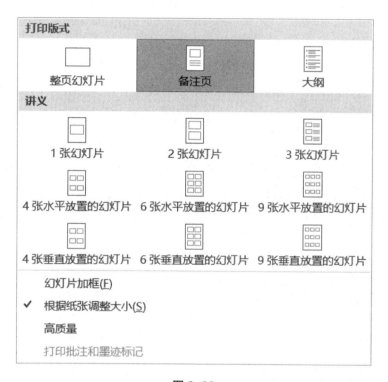

图 2-30

4. 根据需要，设置打印顺序。如图2-31所示。

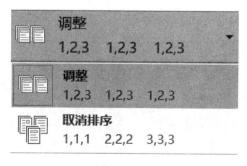

图 2-31

2.8 手机变身 PPT 遥控器

〔**应用场景**〕

PPT 是我们演讲、论坛、讲座离不开的软件工具，使用 PPT 一般都需要鼠标或者键盘操控。对于不喜欢坐在那里或者需要在走动中使用 PPT 就需要用到 PPT 翻页笔之类的工具来遥控了。购买 PPT 翻页笔是需要成本的，从几十元到几百元不等，而且随时忘记携带，或者因为缺电影响使用，就真的束手无策了吗？而手机是现代社会每个人必备之物，随身携带，能不能让它当作 PPT 遥控器使呢？还真能，百度袋鼠就可以实现你的"异想天开"。

〔**软件版本**〕

百度袋鼠 1.6.0.957

〔**案例分享**〕

百度袋鼠让手机成为遥控神器。

1. 下载安装百度袋鼠。

登录百度袋鼠主页，下载安装 Windows 电脑端和手机端 App，将手机和电脑置于同一 Wi-Fi 下。

2. 手机连接电脑

打开电脑端软件，弹出二维码。打开手机端 App，扫描电脑端二维码，即可连接成功。如图 2-32 所示。

图 2-32

3.手机当鼠标控制电脑

打开手机端，点击左上角第一个按钮，手机屏幕上部成为触摸板，滑动手指可以实现移动光标效果，实现点击、选择等操作。手机中央有两个按键可以实现鼠标左键、右键功能。如图2-33所示。

图 2-33

4.语音输入

点击手机端小喇叭按钮，在电脑端将光标置于可以深入文字的区域，对着手机说话，语音即可转换为文字输入电脑端。如图2-34所示。

图 2-34

5.视频控制

在电脑端打开视频进入全屏状态，点击手机左上角第一个播放按钮，手机屏幕下方出现播放控制按钮，可以实现开始、暂停、前进、后退、加音量、减音量等控制。如图2-35所示。

视频控制：可对视频进行开始/暂停、前进/后退、加/减音量等操作

图 2-35

6. 控制 PPT 播放

打开电脑端 PPT，点击手机端上方第四个按钮，开始演示 PPT，手指上下滑动可以实现翻页效果。手指向上滑动，PPT 前进一页，手指向下滑动 PPT 倒退一页。对着电脑，按住手机屏幕还可实现激光笔的效果。如果 PPT 设置了备注，则备注内容非常人性化地显示在演讲者的手机上，便于提示演讲内容。如图 2-36 所示。

图 2-36

〔技巧点拨〕

如果仅需要控制 PPT 上下翻页，不需要安装 PPT 遥控器 App，使用微信扫码就可以控制 PPT。若您需要使用备注、激光笔等功能，则需要下载安装 PPT 遥控器 App 才能实现。

2.9 手机扫描观看 PPT

〔**应用场景**〕

我们在参加培训、论坛或者其他集会时，屏幕上播放的 PPT 往往不能照顾到全场观众，后面的观众一般是难以看清楚的，尤其是文字太多、字体太小的时候。可不可以让观众在手机上自行浏览演讲者的 PPT，既能保证每个人都看得清楚，也能让各自都能按照自己的进度学习，照顾个性化的需求呢？答案当然是可以的。PP 匠就在这种需求下应运而生了，支持在线将做好的 PPT 转换为 Html5 动画，并保留原有的演示格式不变，包括动画、渐变、超链接、嵌入的音视频及样式等。在任何地方使用不必担心因软件版本不同、缺少字体等因素导致无法正常播放。

〔**软件版本**〕

PP 匠

〔**案例分享**〕

上传 PPT，一键生成 H5 文件，手机观看更方便。

1. 登录 PP 匠主页 Http:// Ppj.Io/，登录账号（第一次使用时需免费注册）。

2. 点击"新建"→"选择上传"，选择已经做好的 PPT 上传。如图 2-37 所示。

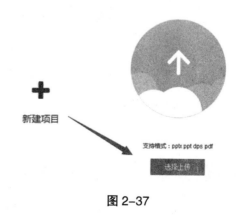

图 2-37

3. 设置界面、音乐。上传完毕后出现如图 2-38 的界面，"点击编辑封面"，上传图片作为封面，还可以上传背景音乐、设置 logo。

图 2-38

4. 录制语音

（1）点击"语音录制"，弹出一个二维码，用微信扫描二维码可以录制微课或旁白。

（2）进入手机微信录制页面，点击右下角"麦克风"开始录制。

（3）录制完成后，可选择"完成录制"，也可"返回编辑"或者"从头播放"进行预览。如图 2-39 所示。

图 2-39

5. 分享。点击"保存"，所有数据上传至云端。观众通过扫描二维码或者点击链接，即可在手机等移动端灵活自由地观看 PPT 了。

〔技巧点拨〕

◆制作 PPT 时选择全屏显示 (16 ∶ 10) 更适合竖屏 H5；

◆生成的 H5 文件可以通过公众号发布给粉丝。

2.10PPT 制作交互测试题

〔 **应用场景** 〕

我们在听报告观看大屏幕播放的 PPT 时，往往是缺乏交互功能的。怎样在报告中增强台上台下的互动性，充分调动观众的参与度呢？再如我们用 PPT 制作的微课提供给学生学习，怎样调动学生的学习积极性？如何在 PPT 中插入一些具有交互功能并趣味十足的小测试？如何在微课中嵌入习题考查知识点，这些问题以前不是很容易解决，还需要深入学习程序设计才行。现在有了 PP 匠，实现起来就容易得多了。

〔 **软件版本** 〕

PP 匠

〔 **案例分享** 〕

使用 PP 匠在普通 PPT 中添加测试功能，增强互动性。

1. 新建 PPT，设置页面。

点击"设计"→"自定义"→"幻灯片大小"→"自定义幻灯片大小"，在弹出的菜单中设置幻灯片大小为"全屏显示（16 ： 10）"，幻灯片方向设置为纵向。如图 2-40 所示。

2. 制作答题页面

在 PPT 页面中，插入文本框并输入设计的问题。然后插入文本框，依次输入答案选项（答案必须以 A.B.C.D. 的样式开头）。如图 2-41 所示。

3. 设置正确答案

按下 "Ctrl+ 空格" 键，将输入法切换至英文状态下，给正确选项的两端加上"<>"。

　　4.上传至 PP 匠，等待生成完毕后观众就可以扫描答题了。

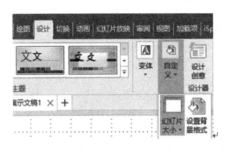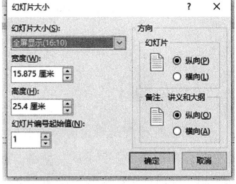

图 2-40

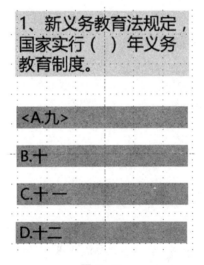

图 2-41

〔**技巧点拨**〕

　　如果需要统计得分，可以在答题页后插入一页，然后创建一个文本框，输入 <Score>。上传至 PP 匠转换为 H5 之后，这里的内容将动态显示实际得分。系统默认每道题目的得分是 1 分，如果要设置其他数值，请在选项后面添加"# 分数"。例如：<A. 九 #10>。

第3章　图文识别转换处理高级技巧

辩证唯物主义告诉我们，世界总是在矛盾中发展的。一方面，人们需要将文字编辑印刷成纸质媒体或者图片保存，另一方面又时时需要将图片或书籍上的文字"扣取"下来可供编辑。随着智能手机的普及和图文识别技术的日臻完善，这一切都变得简单起来。

本章精要：

◆生成 PDF 文件

◆编辑 PDF 文件

◆识别图片文字

◆识别网页文字

◆提取图片文字

3.1PDF 文档不变形

〔应用场景〕

很多时候，我们精心编辑的文档在自己电脑上好好的，传给其他人后就会字体变样或者排版错位，面目全非。原因可能跟对方电脑缺少相应字体或者是软件版本不同等因素有关。怎么避免这种现象呢？其实很简单，把它直接转换成 PDF 格式就万无一失了。这是不是需要安装专门的 PDF 软件才能实现呢？不，在以前是，现在只要安装新版本的 WPS 或者 Word2019就能轻松实现，不必专门安装其他软件。

〔软件版本〕

WPS 2019

Word 2019

〔案例分享〕

案例一：利用 WPS 编辑文档并保存为 PDF 格式。

1. 编辑文档

打开 WPS2016，输入文字内容，设置好字体、行距、页码等格式。

2. 输出 PDF 文档

点击 WPS 左上角"WPS 文档"→" 文件"→"输出为 PDF"，弹出"输出 PDF"设置对话框，设置输出文件保存位置和需转换的页码范围，勾选是否需要输出批注、超链接、脚注、尾注等项目，点击确定。如图3-1所示。

稍等片刻，就得到和原来文档一模一样的 PDF 格式的文档了，这样一来，把生成的 PDF 格式文档发到哪里都不会因为对方没有安装相应的字体或者软件而发生改变了。如图3–2。

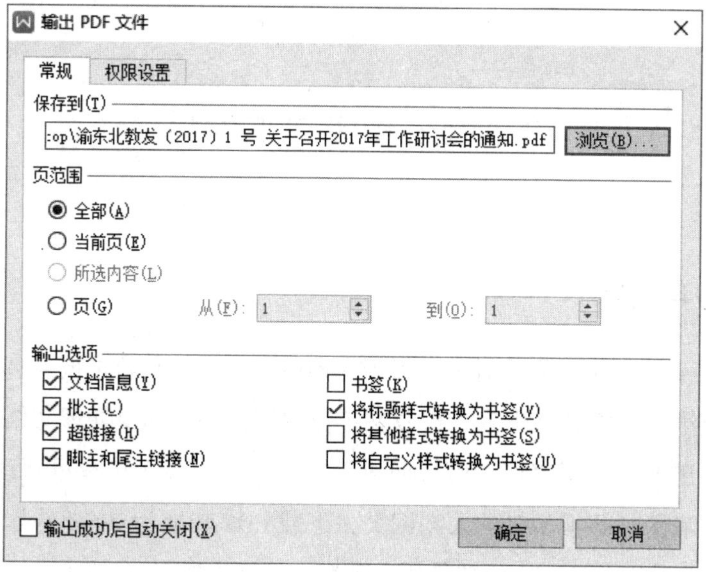

图 3–1

案例二：利用 Word2019 编辑文档并保存为 PDF 格式。

步骤跟 WPS2016类似，不必赘述。

渝东北教师发展共同体文件

渝东北教发〔2017〕1 号

渝东北教师发展共同体
关于召开 2017 年工作研讨会的通知

渝东北教师发展共同体成员单位：

为研究部署 2017 年渝东北教师发展共同体相关工作，经研究，决定召开 2017 年工作研讨会，现就有关工作通知如下：

一、参会对象

成员单位教师教育分管领导 1 名，培训处主任（副主任）1 名。

二、参会时间

2017 年 3 月 10 日（星期五）9:00–17:00，提前半小时报到。

三、参会地点

奉节教师进修学校。

四、会议议程

1. 研究讨论 2017 工作要点；
2. 评选渝东北教师教育专家资源库专家；
3. 评选 2016 年教师教育论文。

五、其他

1. 差旅费回原单位按规定报销。
2. 请扫描填写参会回执。

联系人：曾月光

联系电话：13668466969

重庆市教师教育学会渝东北教师发展共同体

2017 年 3 月 2 日

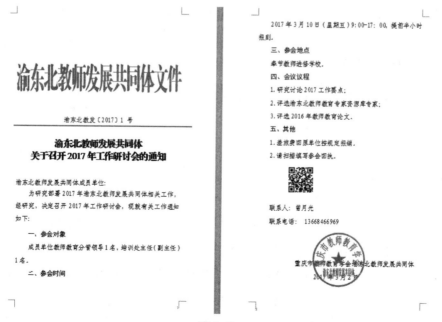

图 3–2

3.2Word 编辑 PDF 文档

〔应用场景〕

机关事业单位发文件时为了保护文档格式不变样和防止被人篡改，往往把文件制作成 PDF 格式下发，但收文单位收到文件后如要处理文档内容可就麻烦了，比如要填写表格、填报回执等。这时候很多人选择重新设计表格，但这样太浪费时间了。有的人到网上去下载 PDF 转换为 Word 的软件，即使能找到但多数工具还需要收费使用。现在，如果你拥有 Word2019 的话就易如反掌了，因为 Word2019 就直接支持 PDF 转换为 Word 文档并可编辑啦。

〔软件版本〕

Word 2019

〔案例分享〕

利用 Word2019 识别并编辑 PDF 文件。

1. 安装软件

安装 Office2016 套装软件，勾选 Word 选项，安装完成，电脑上就有了 Word2019 软件了。

2. 打开 PDF 文档

如果我们用 PDF 阅读器打开 PDF 文档，一般只能阅读不能编辑，这给我们使用带来了不方便。这时我们可以在需要打开的 PDF 文档上右击，选择打开方式为"Word2019"。Word2019 主界面打开并弹出 PDF 转换为 Word 后的对话框，点击确定后开始转换，如图 3-3 所示。转换时间跟文件大小有关，原文件越大转换时间越久，图片越多转换时间越久。

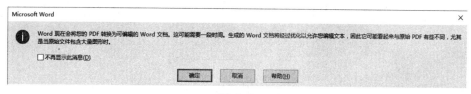

图 3-3

3. 编辑文档

转换完毕,实际导出的结果可能跟原文件有所不同,这与文件字符的空格、图片位置布局等方式有关。虽然还是不能完全保证导出格式与原来的 PDF 文件完全一致,但是内容能够被识别和编辑,不至于重新录入文本,实在是方便至极了。

〔**技巧点拨**〕

转换过程需要耐心等待,内容越长、图片越多转换时间越长,如果想中途取消可以按 Esc 键退出。

3.3WPS 识别图中文字

〔**应用场景**〕

在公务办公场合，为了保持文档格式的规范统一不走样，下发文件的时候一般都处理成 PDF 格式。在办理文件的时候往往需要复制上边的内容或者使用附件表格等，但是 PDF 格式是不支持直接复制编辑的，重新编辑又太不划算，这给应用带来了难题。很多时候我们看到书籍、海报、橱窗等上面的精美文章或者其他有用的信息把它拍下来，但是拍下来如何快速获取上面的文字呢？这些问题找我们大名鼎鼎的国产软件 WPS 就可以迎刃而解。

〔**软件版本**〕

WPS 2019

〔**案例分享**〕

案例一：利用 WPS 云服务将 PDF 文件转换为 word 文档。

1. 打开文件

对于 PDF 文件，WPS 提供了 PDF 转 word 的功能。打开 WPS 软件，点击菜单栏"云服务"，选择"PDF 转 word"，如图3-4所示。

图 3-4

2. 将需要转换的 PDF 文档拖放到弹出的对话框区域。设置好输出格式和目录，点击"开始转换"，即可将 PDF 格式转换为 word 格式了。如图3-5。

图 3-5

案例二：利用 WPS 云服务识别并编辑图片上的文字。

1. 打开文件

如果面对的不是 PDF 格式而是 png 或 jpg 等图片格式的文件，我们可以采用 WPS "图片转文字"的功能抓取图片上的文字。打开 WPS2016，点击"云服务"→"图片转文字"，选择"从图片读文件"，选择相应图片。如图3-6。

图 3-6

2. 识别文字

选择"识别"当前页面或者全部页面，软件自动识别出图片上的文字。识别完成后出现对比效果，对识别可能有出入的地方会用彩色标注出来，对识别有误的地方可以手工修改，如图3-7所示。

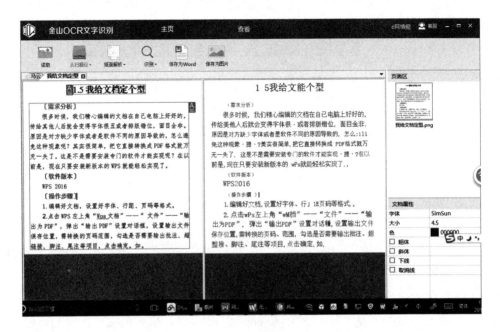

图 3-7

3. 保存文字

修改点击"保存为 Word",转换效果还是挺不错的,接下来只需要对照图片校对就可以了,相对于手工录入文字效率要高得多。

3.4Onenote 识别网页文字

〔**应用场景**〕

很多时候，我们浏览网页时看到有用的信息想复制下来，但网页禁止复制，可能很多人这时候就束手无策了。魔高一尺道高一丈，利用 onenote 这款软件，我们很容易获取被禁止复制的网页文字内容。

〔**软件版本**〕

Onenote 2019

〔**案例分享**〕

利用 Onenote 识别并复制图像上的文字。操作步骤如下：

1. 截取图片

如果你看到网页上的精彩内容想占为己有，而网页又禁止复制，怎么办？截取图片吧。不知道怎样截图？用 QQ 截图最简单，按下快捷键"Ctrl+Alt+A"，在需要截取的地方画出一个矩形，就接下来了。

2. 识别文字

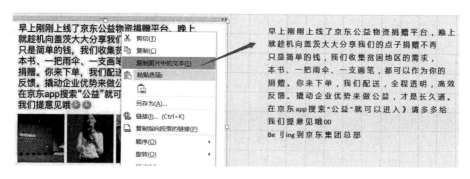

图 3-8

　　打开笔记软件 Onenote，将截取的图片粘贴到笔记里面。在图片上单击右键，选择"复制图片中的文本"。如图3-8所示。

　　3.编辑文字

　　在图片旁边粘贴，就可以将图片中的文字复制下来了，识别率还非常高哦，接下来就任由你编辑了。

3.5QQ 自动提取图片文字

〔 应用场景 〕

在日常会议或课堂教学中，用手机拍下 PPT 演示文稿，能立即对图片中的文字进行编辑，不再因为慌于抄写而错过了台上的精彩演讲；在编辑室内，随手拍海量纸质资料进行图片文字提取编辑，以便排版、存档、检索；图书馆需要传统纸质媒体转换成数字化媒体保存到电脑上，需要消耗大量的人力在前期资料整理上。新版 QQ 有了"图片文字提取"功能，在很大程度上可以帮我们解决以上这些问题。

〔 软件版本 〕

QQ7.5.0

〔 案例分享 〕

案例一："扫一扫"墙上的海报，提取图片中的文字进行随意编辑。

1. 下载安装手机 QQ7.1.8 版，打开手机 QQ。

2. 对准需要扫描的目标如墙上的海报，点击 QQ 右上角的"+"，选择"扫一扫"功能。如图3-9所示。

3. 在弹出的界面中选择底部中央的"文字提取"按钮，摄像头开始自动扫

图 3-9

描，过一会儿后会出现"找到文字啦"的提示，点击"提取文字"，系统自动识别出图上的文字，并呈现出识别结果，如图3-10。

4.点击右下角的"…"符号，弹出发送或收藏的界面，点击"发送给好友"，可以将识别出来的文字发送给QQ群聊或者QQ好友，如图3-11。也可以发送到"我的电脑"，只要电脑端开启了QQ，就可以接收发送的文字信息。

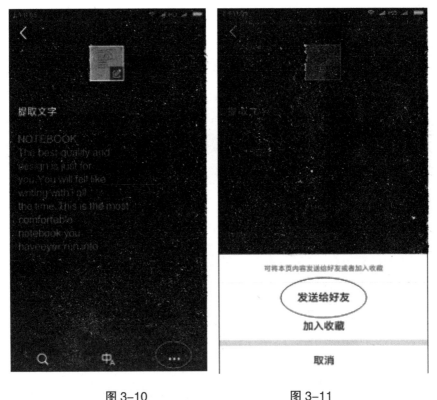

图3-10　　　　　　　　　图3-11

案例二：利用手机"图片文字提取"功能提取QQ好友发来的图片中的文字。

下载安装手机QQ7.5.0版，打开手机QQ。

点击放大好友发过来的图片，长按放大后的图片，选择"提取图中文字"，屏幕出现"正在识别中"，识别完成之后就可以得到图片中转化出的文字。

按照案例一中第四步操作，就可以将识别出的文字发送给好友或自己电脑，当然也可以保存到手机上了。如图3-12所示。

图 3-12

〔技巧点拨〕

手机 QQ 的"提取图中文字"是基于腾讯优图实验室提供的 ocr 文字识别技术,它除了支持印刷体外,还支持手写体识别哟。

3.6 微信小程序拍图识文

〔**应用场景**〕

微信是目前我国拥有用户最多的社交软件，据悉，2018年春节，微信全球月使用活跃用户数突破十亿大关。随着微信小程序的问世，人们不仅仅局限于用微信来聊天了，它的功能拓展到娱乐、学习、工作、生活的方方面面。微信小程序让应用将无处不在，无时不有，而且又无须安装卸载其他插件。微信小程序"文档扫描识别

〔**软件版本**〕

"文档扫描识别"微信小程序

〔**案例分享**〕

案例一：用"文档扫描识别"微信小程序识别图片库中图片上的文字内容。

1. 调用小程序

打开手机微信，点击下边栏的"发现"→"小程序"，搜索"文档扫描识别"，搜索到小程序后出现在列表框中，单击打开。如图3-13所示。

2. 打开图片

点击"相册"，勾选相册里面需要识别文字的图片，点击"完成"按钮。如图3-13所示。

3. 识别文字

软件很快自动识别图片上的文字，点击复制可以将识别的文字内容复制到微信、QQ聊天窗口发给好友或者自己电脑，或者复制到其他文字编辑软件。如图3-14所示。

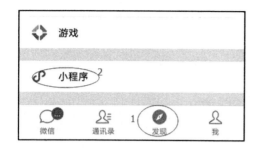

图 3-13

图 3-14

4.翻译文字

"文档扫描识别"小程序不光能识别图片上的文字，而且还有一个强大的翻译功能。识别出图片上的文字后，点击"翻译"按钮即可实现中英文转换翻译。同样可以将翻译出来的结果发送给好友或者保存到其他软件中。如图3-14所示。

案例二：用"文档扫描识别"微信小程序拍照识别图片上的文字。

1. 打开小程序

打开手机微信，点击下边栏的"发现"→"小程序"，搜索"文档扫描识别"，搜索到小程序后出现在列表框中，单击打开。如图3-15所示。

2. 打开图片

点击"拍照"，拿着手机对准需要"扣取"文字的对象如书籍、海报、墙报等任何有文字的对象拍照，点击"完成"按钮。如图3-15所示。

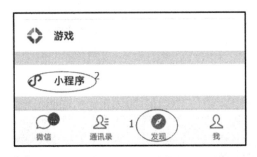

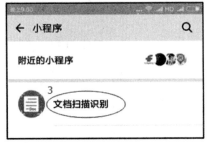

图 3-15

3. 识别文字

软件很快自动识别图片上的文字，点击复制可以将识别的文字内容复制到微信、QQ聊天窗口发给好友或者自己电脑，或者复制到其他文字编辑软件。如图3-16所示。

4. 翻译文字

同上，如果需要翻译，点击"翻译"按钮即可实现中英文转换翻译，将翻译出来的结果发送给好友或者保存到其他软件中。如图3-16所示。

图 3-16

〔技巧点拨〕

拍照的时候难免会拍到目标对象周围多余的镜头，为了不干扰识别的准确性，可以在拍照后点击左下角的"编辑"按钮，点击下边栏出现的裁剪图标，调整边框的大小或者拖动缩放图片，将识别目标框选好后点击对勾，即可精确识别图片文字。如图3-17所示。

图 3-17

第4章　图片素材的获取与加工

　　工作中有时需要从电脑、手机截取屏幕画面，常规截图难度不大，对于比较复杂的截图如截取级联菜单就需要掌握一定技巧了。另外，如何从纸质文档快速得到扫描件，如何将得到的图片美化加工，本章给你完美答案。

本章精要：

◆ QQ 截图技巧　　◆手机电脑抓屏截图

◆复杂截图技巧　　◆制作特殊效果图片

◆手机扫描文件　　◆图片美容随意秀

4.1QQ 截图有技巧

〔**应用场景**〕

QQ 是几乎人人都在使用的社交软件，尽管多数人知道用 QQ 聊天，却不是每个人都物尽其用。其实 QQ 除了是优秀的聊天工具，还是很好用的截图工具，用它可以方便地捕捉桌面图片，而且在截图过程中可以方便地添加标注、勾画圈点、进一步处理加工图片哦。

〔**软件版本**〕

QQ8.6

〔**案例分享**〕

利用 QQ 进行屏幕截图并添加标注。

1. 选择截图区域

开启 QQ 聊天软件，同时按下快捷键"Ctrl+Alt+A"，光标变成彩色箭头，按住左键可以拖出一个矩形框，框住的部分就是要截图的区域。被框选的区域高亮显示，未被选中的区域变暗。如图 4-1 所示。

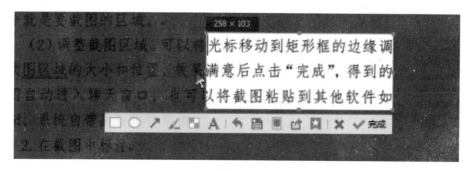

图 4-1

2. 调整截图区域

可以将光标移动到矩形框的边缘调整截图区域的大小和位置。如图 4-1 所示。

3. 在截图中添加标注

QQ 截图后，所截区域下面出现截图工具栏，上面的工具图标所示，其功能一目了然，比如可以选择矩形工具、椭圆工具、箭头工具对截图重点部位进行标注，可以选择马赛克工具对需要隐藏的部位进行涂抹变成模糊的效果，可以用文本工具书写批注性文字。如图4→2所示。

马赛克工具　　发送到手机　　分享到空间

图 4-2

4. 分享截图

选择"发送到手机"，可以将截下来的图片发送到手机，则手机端 QQ 软件自动接收到发送过来的截图。也可选择"分享到空间"将截图发送到 QQ 空间保存。如图4-2所示。

5. 完成截图

如果操作失误可以点击撤销，也可点击"×"按钮或按下键盘上"Esc"键退出重新截图。效果满意后点击"完成"，得到的截图自动进入聊天窗口，也可以将截图粘贴到其他软件如 Word、系统自带画图软件里面，一般保存到本地磁盘上。

4.2 手机电脑抓屏截图

〔**应用场景**〕

我们在使用手机、电脑的过程中，想把有些画面比如聊天对话的内容抓取下来，就得掌握抓屏的技术了。其实，手机、电脑都带有抓屏功能，但是知道的人并不多。

〔**软件版本**〕

手机、电脑自带系统

〔**案例分享**〕

1. 不同智能手机的截屏方法

现在绝大多数手机用户都是用的智能手机，智能手机均自带截屏功能。不同的智能手机，截屏方法也不尽相同，在这里给大家分享几款不同手机的截屏方法。

联想智能手机：同时按住"开机键""音量减小键""返回键／菜单键"；

三星智能手机：同时按住"开机键"和"Home键"；

华为智能手机：同时按住"音量减小键""关机键"三秒钟；

图 4-3

Htc 智能手机：按住"电源键"不放，然后同时按住"Home 键"。

小米手机：可以设置开启"三指下划触发截屏"。如图4-3所示。设置好后，以后就可以用该操作截屏。

使用以上方法，一般能听到"咔嚓"一声，表示截屏成功，在手机相册里面可以看到截图的效果。当然，随着手机款型的不断更新，截屏的方法也可能越来越简单。

2. 台式电脑截屏方法

（1）全屏截图

电脑键盘自带有截屏键 Print Scr SysRq，一般位于 F12 键右边，如图4-4所示。直接按下这个键，这时截图暂存剪贴板中，然后我们可以直接粘贴（快捷键 Ctrl+V）到 word 或画图工具中使用，也可以实现对图片再次裁剪加工。这样做的优点是一键截屏，非常方便，缺点是只能截取全屏，使用范围比较局限。

图 4-4

（2）截取活动窗口

同时按下键盘上"Ctrl+Alt+Print Scr SysRq"三个组合键，可以截取当前处于活动状态的窗口。这里的活动区域指的是你现在操作的界面，比如我们正在聊天的时候，所在的活动窗口就是这个聊天窗口。这种截图的优点是能够精准地截取当前窗口界面，不会有误差，缺点是只能截取固定窗口界面，使用范围较局限。

3. 笔记本电脑截屏方法

笔记本电脑截屏跟台式电脑截屏方法差不多，一般需要按下"fn"键加截屏键才能实现截屏。

4.3 复杂截图有技巧

〔应用场景〕

对于常规的截图我们可以利用 QQ 或者电脑自带的截屏功能解决，对于有特殊要求的截图比如抓取多级菜单、同时抓取多个窗口，截取超过屏幕大小的内容等，常规办法就无可奈何了，这就该大名鼎鼎的超级抓图大师 Snagit 出场的时候到了。

〔软件版本〕

Snagit 13.1

〔案例分享〕

Snagit13.1界面十分简洁，但是功能却非常强大，它可以抓取常规方法无法完成的截图，比如抓取滚动区域，可以从应用程序或网站中捕捉文本，可以抓取 Dos 窗口等，这些对于其他软件就望洋兴叹了。

1. 抓取多级菜单

抓取层级式菜单即一级菜单下面还有子菜单，利用前面介绍的方法是无法完成的，一旦单击鼠标启动截图菜单，多级菜单马上就自动退出了。按照下面的操作办法可以成功截取多级菜单：

（1）打开 Snagit13.1软件，选择"图像"，然后单击"选择"右边的小三角形，在弹出的菜单中选择"高级"→"菜单"选项。

（2）单击"选择"右边的小齿轮图标，打开"捕获打开子菜单"选项，根据需要设置是否捕获菜单栏。

（3）在窗口右边区域设置是否在编辑器预览，是否复制到剪贴板，是否

需要复制鼠标，打开时间延迟功能，如图4-5所示。单击红色按钮后打开多级菜单，倒计时几秒钟之后自动抓取层级菜单

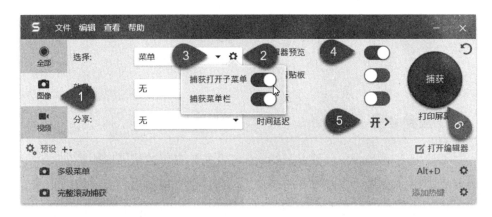

图 4-5

2. 抓取滚动窗口

浏览网站时经常会遇到很多超过屏幕高度的窗口，如果我们按常规方法只能一次抓取屏幕大小的区域，整个抓取下来需要多次截屏，而且得到多个独立的文件，比较麻烦。有了Snagit，就可以把它们一下子抓取下来了。

单击"选择"右边的小三角形，选择"滚动窗口"，在窗口右边区域设置为不在编辑器预览，复制到剪贴板，不复制鼠标，打开时间延迟功能，如图4-6所示。单击红色录制按钮，激活需要录制的网页，单击向下的箭头，捕获垂直滚动区域，这时网页自动向下滚动，待停下来后就抓取了整个网页的截图，可以直接粘贴到其他软件中使用。

S	文件 编辑 查看 帮助			— ×
全部	选择:	滚动窗口 ▾ ⚙	在编辑器预览	捕获
图像	效果:	无 ▾	复制到剪贴板	
视频	分享:	无 ▾	录制鼠标 / 时间延迟 开 ›	打印屏幕
⚙ 预设 +▾				☑ 打开编辑器

图 4-6

3. 同时抓取多个区域

如果想将桌面上打开的多个窗口内容都抓下来，那么利用 Snagit 的抓取多区域功能，一次就能抓下多个窗口：

（1）启动 Snagit，点击"选择"按钮右边的小三角形→"高级"→"多区域"。如图4-7所示。

图 4-7

（2）按下"立即捕获"按钮或抓取热键，再移动鼠标到一个窗口上，此时相应窗口被一红色框框住，同时光标会变成一只小手带一个加号符号，表示把当前窗口加入抓取。如想抓取该窗口，则单击鼠标左键，此时该窗口会反相显示，表示被选中。

（3）接着再移动鼠标到另外窗口，相应窗口会被红色框框住，同样单击鼠标左键选中被红色框框住的窗口，两个窗口已经被选中，如要抓取多个窗口，如法炮制。

（4）右击鼠标，然后选择"完成"按钮即可把拟抓取区域抓取到 Snagit 的捕获预览窗口中，按下"复制全部"按钮即可把抓取的多个窗口图像复制到剪贴板，然后就可以粘贴到其他应用软件使用了。如图4-8所示。

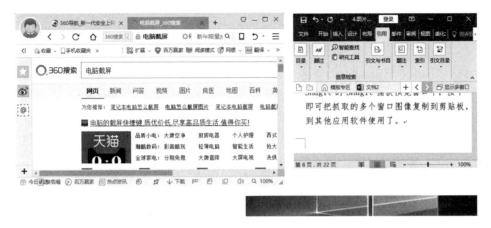

图 4-8

〔技巧点拨〕

为了方便快捷地使用 Snagit 软件抓图，可以预设抓图模式，直接调用快捷菜单抓图。比如设置抓取多级菜单的方法如下：

1. 设置好当前的抓图模式后，单击"预设"旁边的"+"符号，选择"从当前设置新建预置"。

2. 为当前设置命名如"多级菜单"。

3. 单击右边"添加热键"，同时按下自己设置的热键如"Alt+D"，则自动记录并标注快捷键为"Alt+D"，保存当前预置。如图4-9所示。下次需要抓取多级菜单的时候无须设置，只需要按下快捷菜单"Alt+D"就可以抓取了。

图 4-9

4.4 制作特殊效果图片

〔**应用场景**〕

有时我们需要制作特殊的图片效果如透明、断裂、撕边等，使用 Photoshop 等大型软件又担心专业性太强，一时半会学不会。其实，就这些效果完全不必杀鸡用牛刀了，使用 Snagit 软件，即使是菜鸟也能轻而易举达到目的。

〔**软件版本**〕

Snagit 13.1

〔**案例分享**〕

案例一：制作透明背景图片

1. 打开 Snagit 软件，选择"图像"，然后单击"选择"右边的小三角形，在弹出的菜单中选择"区域"。如图 4-10。

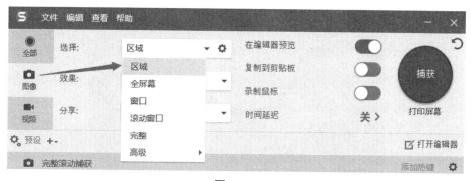

图 4-10

2. 点击"捕获"红色按钮，在目标源上截取一个画面。

3. 弹出 Snagit 编辑器，点击"选择"，选择一种工具如椭圆，在需要镂空的地方拖出一个圆，在属性面板点击"透明"，然后按下键盘上"Delete"键，被选中的地方被删除，画面出现镂空效果。如图4-11所示。

图 4-11

4. 点击"文件"→"保存"，弹出"另存为"对话框，选择保存图片的位置，将图片保存为 Png 格式，就得到透明背景的图片了。有些将信将疑是吧，赶快将图片覆盖到其他对象上面验证效果吧。如图4-12所示。

图 4-12

案例二：制作边缘特效图片

1. 重复前面1→2步骤，弹出 Snagit 编辑器。

2.选择魔棒工具,在效果面板的"快速效果"里选择一种边缘效果如"边缘褪色",左边图片及时呈现预览效果。如图4-13所示。"快速效果"预设了边缘褪色、撕边、阴影、透视等各种效果,可以快速设置图片格式,如果选取预设效果不能满足需要,还可以在"效果"栏里改变对设置边框、边缘、透视、卷叶等选项的详细参数。

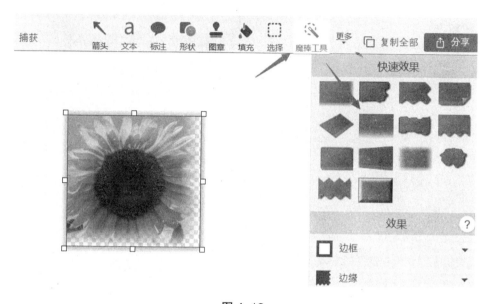

图4-13

案例三:制作断裂效果图片

1.重复前面1→2步骤,弹出 Snagit 编辑器。

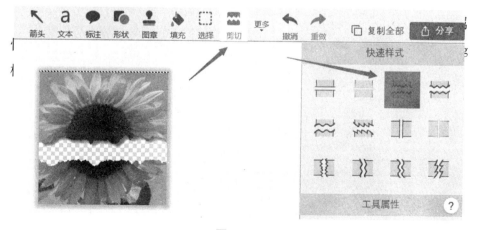

图4-14

〔**技巧点拨**〕

Snagit 是一个功能强大的图片处理软件，操作简单易上手，它不但可以实现透明、撕边、断裂等特殊效果，还有裁剪、笔触、橡皮擦等多种工具，组合使用会实现其他奇妙的效果。

此外，还有标注步骤的功能，这在制作操作流程等图例的时候非常方便实用。

4.5 手机变身扫描仪

〔应用场景〕

有时在图书馆借阅图书，看到精彩语段想把它摘录下来。以前是拿着笔记本奋笔疾书大段大段地抄写，这样做效率低下，显然已经 Out 了。现在几乎人人都有智能手机，安装扫描全能王 App 就可以轻松获取上面的文字内容并进行编辑，相比用手誊写来说不知要省下多少事儿。

〔软件版本〕

扫描全能王

〔案例分享〕

案例一：用扫描全能王 App 扫描书籍获取电子扫描件

1. 在手机上安装扫描全能王 App。

2. 打开扫描全能王，选择右边的"单页模式"或者"多页模式"，如图 4-15 所示。对准需要扫描的对象如一本杂志封面，按下拍照按钮，就得到了需要扫描对象的图片。

3. 自动弹出裁剪的调整按钮，调整好裁剪边沿后点击"√"，得到裁剪后的图片。如图 4-16 所示。

图 4-15

4. 分享扫描件

点击右上角的分享按钮，在弹出的界面中选择需要分享的图片格式（PDF或JPG），在弹出的"分享到"界面选择分享到微信、QQ、电脑、为知笔记等地方。

如果只需要得到扫描件图片，到此就算完成任务了。如图4-16所示。

图 4-16

案例二：用扫描全能王 App 扫描书籍获取文字

1. 如果想从扫描的图片上识别文字，点击放大图片，点击"识别"，选择"局部识别"或者"整页识别"，调整选择区域，点击"识别文字"得到文字识别结果。如图4-18所示。

2. 点击"编辑"，可以对识别出来的文字进行校对和编辑

3. 点击"分享"，可以导出为 .Txt 格式或 .Pdf格式文件通过 QQ、微信等工具分享给他人，也可选择"发送到我的电脑"传送到电脑。

图 4-17

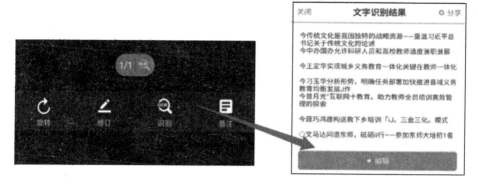

图 4-18

〔**技巧点拨**〕

◆拍摄时应该选择光线充足的地方，注意拍摄时保持平稳和调整距离远近，确保拍摄效果；

◆需要连续拍摄多张时，可以选择连拍模式，得到多张图片，且保存在同一文件夹；

◆拍摄的照片自动以时间命名保存，点击名称可以自定义命名。

4.6 图片美容随意秀

〔**应用场景**〕

随着智能手机和微单相机的普及，现在几乎人人都已成为摄影者，随手一拍，照片资料应有尽有。工作中，我们在写简报、总结等材料的时候，往往要用到反映工作过程的图片以印证真实性或者达到其他的效果。有时一项活动结束后要召开活动总结报告会，同样需要大量的图片资料。菜鸟摄影者拍摄的照片直接拿来就用的话，其效果不一定令人满意，如果我们借助美图软件进行美化处理一番，结果会大不一样。

〔**软件版本**〕

美图秀秀5.0.0.5

〔**案例分享**〕

案例一：随心所欲的图片美化效果

用手机或者相机拍下照片后，有时效果不是很满意，可以利用美图秀秀进行校正和美化。包括设置特效、基础调色、裁剪旋转、画笔四个方面的美化处理。如图4-19所示。

1. 设置特效

打开美图秀秀，点击主页的"美化图片"或者菜单"美化编辑"。导入一张图片，点击左边的"特效"，右边出现"Lomo""美颜""格调""艺术"四个选项，根据需要，选择一种特效比如"油画"，窗口立即呈现油画效果，点击确定保存照片。

2. 基础调色

点击"基础调色"，可以在二级菜单"基础调整"里面对亮度、对比度、饱和度、清晰度进行调整；点击二级菜单"高级"，可以对非正常光线状态下拍摄的照片进行智能补光，可以对高光、暗影进行调整。

图 4-19

3. 裁剪旋转

根据需要可以对照片进行裁剪、旋转角度和修改长宽尺寸的大小。

4. 神奇的画笔

"涂鸦笔"：可以操作鼠标信手涂鸦，当然如果电脑连接有手绘板，用手写笔进行手绘的效果更漂亮；

"消除笔"：用消除笔涂抹有污点或水印的地方，污点和水印就立即消失得无影无踪了。

"抠图笔"：可以对图片进行抠图处理，分为自动抠图、手动抠图、形状抠图三种模式，让以前只有专业人士才能完成的抠图动作，如今普通人士都可以"傻瓜式"地抠出理想的效果来。

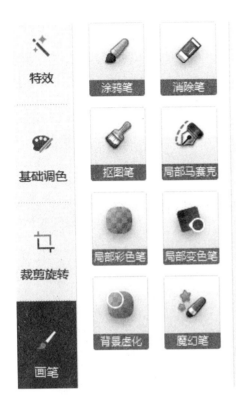

图4-20

"局部马赛克"：对需要遮掩的地方进行涂抹，就可以打上马赛克效果。

"局部彩色笔"：点击局部彩色笔后，画面变成黑白模式，只要光标涂抹到的区域马上还原成原来的彩色效果。

"局部变色笔"：可以按照选取的颜色对头发、皮肤、嘴唇进行变色处理。

"背景虚化"：选取背景虚化功能后，图片变得模糊起来，再用光标涂抹需要凸显出来的地方，则涂抹的地方保持清晰，其余地方变成模糊的虚化背景。

"梦幻笔"：可以给画面添加神奇的烟花、花瓣、爱心、光晕、飘雪、星星、萤火虫等多种梦幻的效果。如图4-20。

案例二：灵活多变的拼图方式

美图秀秀提供"自由拼图""模板拼图""海报拼图""图片拼接"四种拼图模式。选择一种拼图模式，点击左上角的"添加多张图片"，选择导入多张电脑上需要拼在一起的图片，美图秀秀自动按照选择的模板进行排版。如图4-21所示。

图4-21

用户可以切换右边不同风格的模板查看不同的效果。如有不需要出现的照片，可以重新选择一张照片替换。

单击某张照片，可以调整照片的位置、大小和角度。效果满意后点击保存退出。

案例三：添加边框或者场景

有时根据作品需要，选择合适的边框或者"场景"，可以为图片营造一种特殊的氛围或者达到突出图片的效果。如图4-22所示。

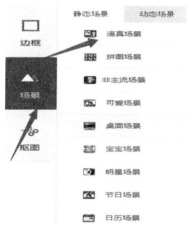

图 4-22

第5章 音视频材料获取及处理

在智能手机普及的今天，几乎人手都拥有一部照相机和摄像机，加之网络的高度发达，音视频资源浩如烟海，信息获取途径更宽广。如何获取有用的音视频资源，如何对这些资源进行加工处理，合理利用到生活、工作中去，却是现代人应该掌握的一门技术。

本章精要：

◆ Vso 下载视频

◆ Snagit 录制视频

◆ PPT 下载视频

◆ QQ 影音视频切割

◆ CS 录屏编辑

◆媒体格式转换

5.1Vso 下载网络视频

〔应用场景〕

对于网络上出现的很多精彩视频，我们很多时候都想下载下来据为己有，作为日后制作微课、课件、讲稿等素材之用。记得在很久以前，有的人是采用摄像机对着显示器翻拍的方式获得视频，方法非常原始，而且效果很差。如今，找到一款合适的视频下载软件就可以搞定了，Vso Downloader 5.0.1就是一款非常优秀的视频下载软件。它不但可以支持在线视频下载，而且支持断点续传，视频下载中断后可以在中断处继续下载。该软件目前支持下载的视频网站有 YouTube、优酷、土豆、新浪、腾讯视频，迅雷等，并自动拦截其中的广告视频，通杀所有主流的音频网站，如豆瓣 Fm，百度 Mp3、虾米音乐等。

〔软件版本〕

Vso Downloader 5.0.1

〔案例分享〕

用 Vso Downloader 下载一段关于发射升空的视频，步骤如下：

1.打开浏览器，在视频搜索框输入关键字"神舟十一号"，点击搜索，出现神舟十一号相关的视频，点击播放。

2.打开 Vso Downloader，开始自动侦测正在播放的视频，侦测成功后，便开始自动下载，可以看到下载的进度条。如图5-1所示。

3.视频下载完成后，单击"文件"→"打开输出文件夹"就可以打开"Vso Downloader"下载的目录文件夹，刚才下载的文件就全部保存在里面。如图

5-2所示。

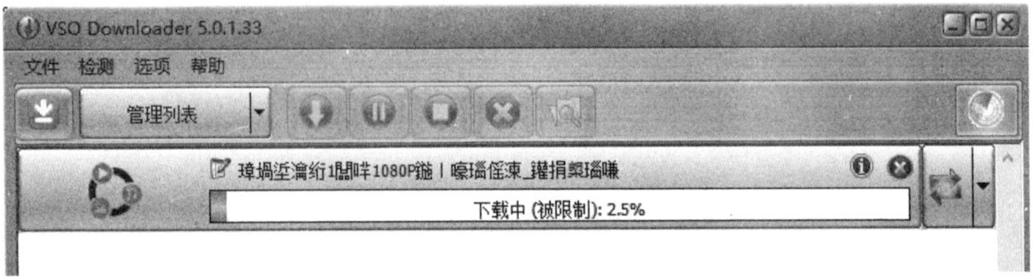

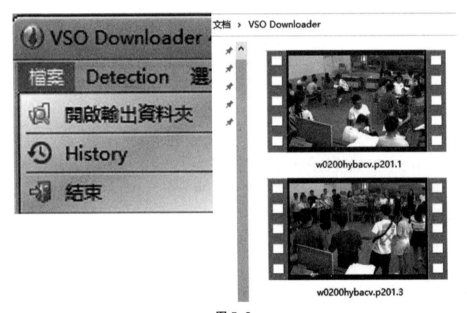

图 5-1

图 5-2

〔技巧点拨〕

Vso Downloader 会侦测正在播放的所有视频，包括正在播放的广告，所有下载下来的往往会有几个视频，到时候把不需要的视频删除掉就是了。

Vso Downloader 也不是万能的，遇到不支持的网站，就只有使用下面章节介绍的方法下载视频了。

5.2Snagit 录制网络视频

〔 **应用场景** 〕

有时候我们需要录制一段说课的微视频，找专业摄像机既麻烦又不会操作。有时看到网络的精彩视频想永久保存下来，但网站进行了保护，禁止用 Vso Downloader 下载。再比如有的加密视频光盘禁止复制，一般也难以将上面的视频文件直接拷贝下来。别急，有了大名鼎鼎的 Snagit 软件，保证让你不需要任何技术都可以现场录制视频或者网络上的视频，没有烦琐的设置，傻瓜式操作，直接生成视频，就这么简单。

〔 **软件版本** 〕

Snagit 13.1.1

〔 **案例分享** 〕

案例一：录制说课视频

1. 准备工作：电脑安装摄像头，或者自带摄像头的笔记本电脑也行。

2. 打开 Snagit 13.1.1 软件，参数设置如图 5-3 所示，打开摄像头和麦克风，设置为不录制鼠标和系统音频，选择范围设为"区域"。

图 5-3

3. 点击红色按钮，屏幕出现虚线框，光标变成十字形，用光标拖出一个框。屏幕出现摄像预览效果，调整好坐姿、角度、光线后，点击红色按钮开始录制。如图5-4所示。

4. 录制结束，点击停止按钮，自动弹出 Snagit 预览窗口，可以播放预览。如果效果满意，可以点击"保存"为 Mp4 格式

图 5-4

的视频文件，也可以点击"Gif"按钮，保存为 Gif 动画。

案例二：录制网络视频

对于常规方法无法获取的网络视频，可以利用 Snagit 录制下来。

1. 打开 Snagit 13.1.1 软件，参数设置如图，关闭摄像头和麦克风，设置为录制系统音频，不录制鼠标，选择范围设为"区域"。如图5-5所示。

图 5-5

2. 点击红色按钮，屏幕出现虚线框，光标变成十字形。用光标在需要录制的区域拖出一个框，点击红色按钮开始录制。其余的操作跟录制微课视频完全一样。

5.3PPT 录制网络视频

〔应用场景〕

我们都知道 Powerpoint 是用来制作演示文稿的，随着版本的升级，Powerpoint 2016 的动画、切换效果，更加丰富能做出炫酷的效果。你可曾知道 Powerpoint 2016 已经悄然具备了一项特殊本领——视频录制呢，而且超级简单，一键生成 Mp4 视频文件，既可以无缝镶嵌在演示文稿中，也可以随意导出到任意其他位置，更为贴心的是还可以简单编辑。

〔软件版本〕

Powerpoint 2019

〔案例分享〕

随心所欲下载在屏幕上出现的任何视频。

1. 打开需要录制网站视频或光盘视频等视频源。

2. 打开 Powerpoint 2016，点击菜单"插入"→"屏幕录制"按钮。如图 5-6 所示。

图 5-6

3. 自动弹出设置窗口，光标变成十字形，在视频播放窗口上按住鼠标左键拖出一个矩形框，刚好覆盖住播放窗口。如图 5-7 所示。

4. 设置是否录制音频和录制指针，点击录制按钮，倒计时 3 秒钟，自动开始录制。

图 5-7

5. 录制完毕，点击停止按钮或按下快捷键"Windows 徽标键 +Shift+Q"停止录制，所录制的视频自动插入当前页面。

〔**技巧点拨**〕

◆在 PPT 下载的视频上面点击右键→"另存为"，可以将视频保存到电脑的任意位置。

◆在 PPT 里选中刚才插入视频的情况下，激活"播放"菜单，点击相应按钮，可以剪裁视频、设置淡入淡出效果，还可以设置是否全屏播放、循环播放等效果。如图5-8。

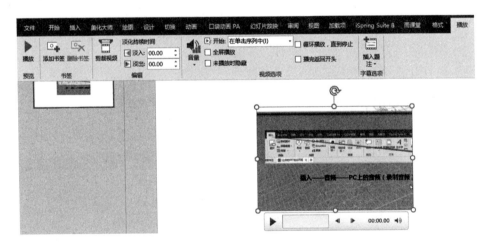

图 5-8

5.4 QQ 影音切割视频

〔应用场景〕

有时我们手中的视频不全都是能用得上的，需要剪切掉不必要的多余部分，截取需要的部分。说到视频剪辑，大家一般想到的就是 Premiere、会声会影这样的专业视频剪辑工具，但是作为普通用户难得学习这些复杂专业的软件。其实，我们常用的 QQ 影音本身就带有视频切割这一功能，几乎无须学习就可操作，应该是最简单的视频剪切方法。

〔软件版本〕

QQ 音影 3.9

〔案例分享〕

用 QQ 影音切割视频。

1. 打开视频

点击 QQ 影音软件中央的"打开文件"，打开我们的视频文件，正常播放视频。

2. 调用截取窗口

在播放窗口右下角找到一个扳手的图标。点击图标就能看到"截取"的按钮，然后点击"截取"进入下一步。如图5-9所示。

3. 调整截取范围

然后我们就看到了一

图 5-9

个裁剪的区域，在这里可以前后拉动滑块来调整裁剪的内容区域，当然是可以看见预览效果的，所以也不用担心剪错。此外这里还提供了微调工具，用来更精细地调整前后范围，设置好后点击"保存"。如图5-10所示。

图 5-10

4. 保存截取视频

在弹出的窗口里面提供了保存为音频格式、无损保存原格式和更改视频格式等选项，设置好保存文件名和保存目录，点击确定就 Ok 了。如图5-11所示。值得称道的是可以无损剪切，完全不会因为剪切而降低画质，而且裁剪保存的速度非常快，因为不用转码。

〔技巧点拨〕

QQ 影音除了可以用最简单的办法截取视频以外，还有更多实用好玩的功能，比如截图、剧情连拍、Gif 动画截取、转码、压缩、转手机视频等，真是一个软件顶好多个软件使用的宝贝哦。

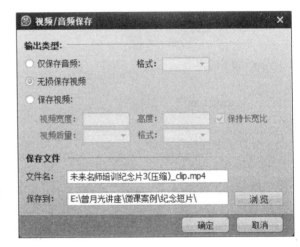

图 5-11

5.5 Camtasia 录屏编辑

〔**应用场景**〕

前面介绍的方法可以直接或间接获取视频网站或者电脑桌面出现的视频资源，如果只要网络视频中的音频资源比较困难。获取了这些资源，如果需要后期制作处理，前面介绍的这些软件就显得力不从心了。这里要给大家强力推荐的一款软件 Camtasia Studio，简称 CS。它不但可以"暴力"强制录制任何在屏幕上出现的音频视频，关键是它强大的后期编辑功能是其他软件难以望其项背的。

〔**软件版本**〕

Camtasia Studio 8

〔**案例分享**〕

1. 录制无法下载的视频

在网上看到了一个"挑战不可能"的电视节目，觉得很励志，想下载下来用作讲座的素材，可网站进行了加密处理，用 Vso Downloader、硕鼠等视频下载软件也无济于事，于是只有请出大名鼎鼎的 Camtasia Studio 这款软件了。

（1）打开相关视频网页，将播放头置于想要录制视频的开始部分，按下空格键暂停。

（2）打开 Camtasia Studio 8，点击左上角的"录制屏幕"。如图 5-12 所示。

（3）在"选择区域"点击"自

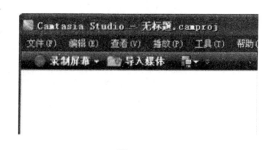

图 5-12

定义"，出现标示录制窗口大小的绿色虚线边框，调整边框大小至刚好覆盖网页播放窗口。如图5-13所示。

（4）点开"音频开关"，勾选"录制系统音频"就可以同步录制音频了。如图5-13所示。

图 5-13

（5）录制完毕后，按下F10键停止录制，自动播放刚才录制的视频。如图5-14所示。

图 5-14

（6）如果录制效果满意，点击"生成"，弹出保存项目文件的对话框，选择保存路径，设置好项目文件名如"挑战不可能"。如图 5-15 所示。

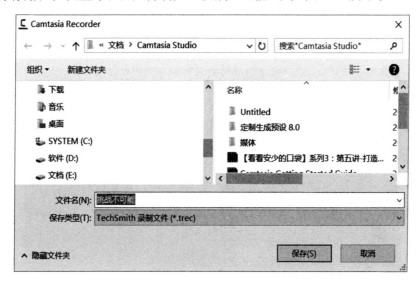

图 5-15

（7）在弹出的"生成向导"，选择"Mp4 Only（Up To 720p）"（数字越大清晰度越高，生成的文件也越大）。这样生成的视频不带播放器，因为电脑上一般都装有播放器。点击"下一步"，设置好生成视频放置的位置，点击"生成"。这样，网络视频就被原样录制下来了。如图 5-16 所示。

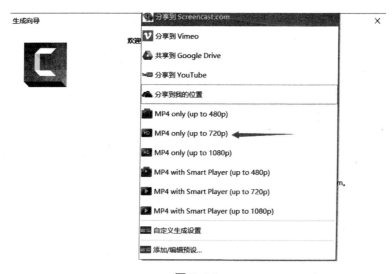

图 5-16

2. 编辑视频

按照上面的方法录制视频后,可以对它作后期编辑处理。编辑界面如图
5–17所示,大致分为任务窗格、预览窗口、工具箱、时间线等几部分。基本
的操作如下:

图 5–17

(1) 编辑声音

点击声音图标,弹出声音属性对话框,拖动时间线滑块,选中需要处
理的音频线,可以设置静音、加大音量、减小音量、淡入淡出等效果。如图
5–18所示。

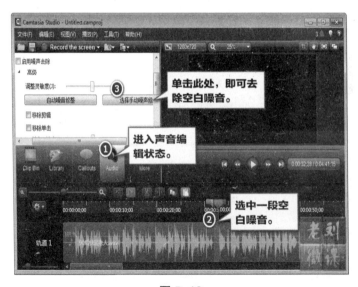

图 5–18

（2）添加标注

有时录制视频后，需要在某个地方添加标注以引起观众注意。拖动时间线滑块起点到需要添加标注的地方，点击"标注"图标，在弹出的对话框选择需要插入的标注类型，则视频插入点就增加了刚才添加的标注效果。如图5-19所示。

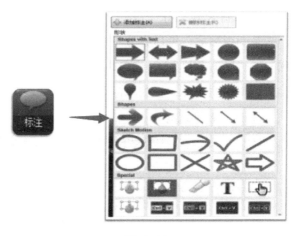

图 5-19

（3）添加缩放效果

为了让观众看清细节，有时我们需要局部放大效果。拖动时间线滑块起点到需要添加缩放效果的地方，点击"缩放"图标，在弹出的对话框出现高亮显示的方框，被框起来的区域就是被放大的目标，可以拖动方框调整大小和位置，方框越小则放大倍数越大。如图5-20所示。

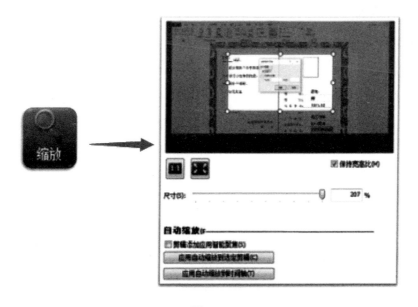

图 5-20

3. 录制音频文件

录制视频后，可以直接生成音频文件，方法是点击"文件"→"生成特殊"→"导出音频为"，设置好导出的文件夹位置和文件名，即可生成音频文件。如图5-21所示。这对于限制下载的音乐极其管用。

图 5-21

〔技巧点拨〕

◆对于常规方法下载无效的情况下，使用 Camtasia Studio 下载音视频是万无一失的办法。

◆ Camtasia Studio 不但可以录制网络上的音视频，而且可以录制操作者在屏幕上的所有操作，边演示边讲解，浅显易懂。因此，软件工程师们往往拿 Camtasia Studio 作为制作计算机软件操作教程的法宝，老师们拿它作为制作微课、微视频的利器。

5.6 媒体格式转换

〔**应用场景**〕

我们有时好不容易从网上下载了某个视频，但在电脑上就是无法打开，原因是找不到对应的应用程序。我们在制作 PPT 时，往往需要导入一些音频视频文件，但 PPT 软件不支持导入某些类型的文件。因此，在很多时候，我们需要转换音频、视频、图片格式以适应现有软件使用的需要，这就可以用格式工厂这个工具将文件从一种格式转换成另一种格式类型。

〔**软件版本**〕

格式工厂 4.2.0

〔**案例分享**〕

转换其他视频格式为 MP4 格式。

1. 打开格式工厂软件，点击"视频"选项，在其下面图标中选择想要转换成的格式"→MP4"。在弹出的对话框中点击"添加文件"或"添加文件夹"。如图 5-22 所示。

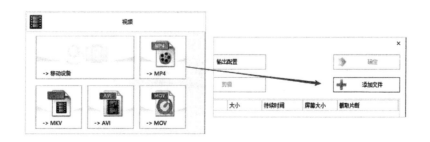

图 5-22

2. 在弹出的窗口中选择需要转换的文件或文件夹，所有待转换的文件进入窗口。

3. 点击"输出配置"，可以设置输出视频的详细参数。如图5-23所示。

4. 点击"选项"，可以裁剪画面，设置开始和结束时间。如图5-24所示。

5. 设置好输出文件夹位置，点击"确定"。

6. "点击开始"，窗口出现转换进度条，转换完成后就可以在目标文件夹找到已经转换格式的文件。

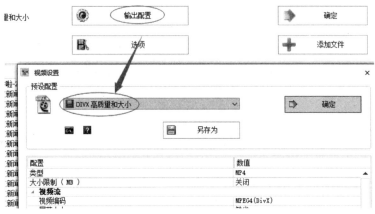

图 5-23

图 5-24

〔**技巧点拨**〕

格式工厂支持各种类型视频、音频、图片等格式的相互转换，在转换过程中还可以修复损坏的文件，让转换质量无破损。

合理利用格式工厂转换文件格式，还可以给多媒体文件减肥，既节省硬盘空间，同时也方便上传和备份。

图片、音频的转换方法跟视频文件的转换方法是大同小异的。

第6章　让私人资源库如影随形

随着云计算、大数据的迅速发展，众多云端软件采用虚拟化技术，为用户搭建可供远程搜索、下载、使用、管理、备份等多种功能的软件资源、软件应用和软件服务平台。如云端存储，让你摒弃优盘，海量资源随心存取，多端共享同步，无论何时何地，都可以在个人云盘进行上传下载操作。云端办公，本地电脑无须安装软件，随时随地移动工作不是梦，让自己的资源库如影随形。

本章精要：

◆云盘存储

◆网络收藏夹

◆字库同步

◆云端办公

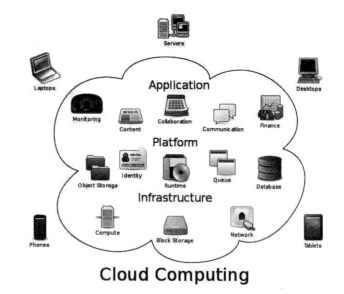

6.1 海量资源云盘存储

〔**应用场景**〕

电脑上存了大量资料塞满了硬盘，或者有些资料不常用又不想占用本地磁盘空间，可以考虑把它保存到云端。年长日久，办公室电脑上都会保存一大堆文档、图片等资料。工作人员经常加班需要用到办公室的资料，跑到办公室去取又太费时费力，如果利用U盘拷贝需要经常插入拔出很麻烦，而且U盘容易损坏或者丢失。有时候，给好友分享一部电影，如果利用在线传输的办法，双方电脑都得开着传输老半天。利用百度网盘可以很好地解决这些问题。

〔**软件版本**〕

百度网盘PC版V5.5.4

〔**案例分享**〕

百度网盘是一款提供云端存储的云服务软件，用户可以将自己的照片、文档、音乐等各类数据上传到百度网盘永久保存，避免丢失。

1. 上传文件

用户登录百度网盘后，将光标移动到"上传"，自动展开"上传文件"和"上传文件夹"两个选项，选择本地电脑的上传对象，点击确定后开始上传到百度网盘。也可以直接将本地文件（文件夹）拖拽上传到百度网盘到相应目录。如图6-1所示。

图 6-1

2. 整理百度网盘文件

百度网盘的文件（文件夹）的整理方法和本地电脑整理方法完全相同。点击某个文件（文件夹）之后，可以执行重命名、删除、复制、移动等操作。

3. 在线编辑文档

可以打开百度网盘里面的文档在线编辑，编辑完成后点击保存，即可自动上传，网盘保持最新编辑结果。

4. 下载网盘资料

我们可以根据需要，在任何一个有电脑或者移动终端和网络的地方，登录百度网盘下载文件。在需要下载的文件或文件夹上点击右键，选择"下载"，设置好需要下载到的目录文件夹，点击"下载"就可以下载到本地电脑了。

5. 快速分享文件

有时需要把某个软件或者某些资料快速分享给其他人，在百度网盘中右击需要共享的文件（文件夹），选择"分享"，弹出分享文件（文件夹）窗口，点击"创建公开链接"，生成文件下载链接，将链接地址通过 QQ、微博、人人网、QQ 空间等方式分享给好友，对方就可以下载到该分享的文件。如图 6-2所示。

点击"创建私密链接"，生成文件下载链接地址和提取密码，将链接发送给微博、QQ 等好友，对方输入提取码方可下载共享的文件。如图 6-3所示。

图 6-2

图 6-3

6.2 精彩网址尽收囊中

〔**应用场景**〕

电脑用户离不开上网，有经验的用户碰到自己心仪的网址就会把它放到收藏夹，方便下次快速登录查找信息。但是经常会遇到这样的情况，在家里收藏的网址到办公室或者其他地方的电脑上用不上，或者电脑瘫痪重装系统后原来苦心收藏的网址又不见了。其实，360网络收藏夹可以很好地解决我们这一困扰，让你不管是在家里或者是其他地方，收藏的网址就像随身携带一样，而且再也不会丢失了。

〔**软件版本**〕

360浏览器

〔**案例分享**〕

建立随身携带的网络收藏夹。

1. 登录360安全浏览器

点击左上角账户图标，用360账户登录360安全浏览器。可以选择个人电脑或者公用电脑方式登录，使用公用电脑模式登录，关闭浏

图6-4

览器或者退出账户后将会清除登录痕迹，保护你的隐私。如图6-4所示。

2. 导入收藏夹

第一次登录浏览器网络账户后，如果选择的是个人电脑模式，系统会自动把本机的收藏夹数据和配置导入到网络账户，如果选择公用电脑模式登录，你可以选择是否导入。如图6-5所示。

图 6-5

3. 在其他电脑上使用网络账户

在任何电脑上登陆浏览器网络账户后，就会自动切换使用网络账户中保存的收藏夹数据和浏览器配置，就像在本地收藏夹一样，可以添加、修改、删除，所有操作都会自动同步保存到网络账户，让你的私人收藏如影随形。如图6-6所示。

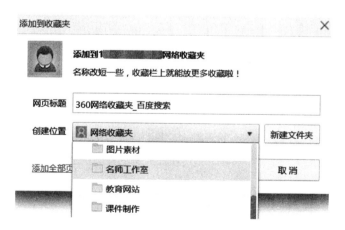

图 6-6

6.3 同步词库打字如飞

〔**应用场景**〕

在自己电脑上经常使用搜狗输入法办公打字，输入法便记住了自己的一些输入习惯并建立了自己专属的词库，所以打字速度越来越快，一旦重装电脑或者到了其他地方，原来自己建立的词库就不在了，严重影响输入速度。这种情况可以通过登录搜狐个人账户同步词库，以后无论你使用哪一台电脑或重装系统，只要用你的账户登录，输入法就会恢复神奇的记忆功能，自己的专属词库就会随身而行了。

〔**案例分享**〕

同步搜狗输入法词库，让你走到哪里都像在使用自己家里电脑一样的体验。

1. 如何登录个人中心

可以通过以下几种方式登录个人中心。

（1）点击输入法状态栏的个人中心标识小人图标登录。如图6-7所示。

图6-7

（2）输入法右键菜单→"登录个人中心"，如图6-8所示。

（3）输入法右键菜单→"设置属性"→"账户"→"账户登录"。如图6-9所示。

图 6-8

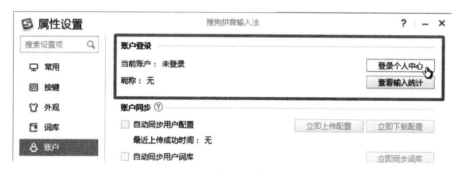

图 6-9

2. 通过哪些账号登录个人中心

（1）可以注册一个搜狐账号用于登录同步词库。

（2）推荐使用 QQ 账户登录个人中心，这样您可以体验到更多有趣内容。当打开登录窗口后，系统将自动检测是否登录了 QQ 账户，可以通过点击头像或扫描二维码的方式进行快速登录。如图 6-10 所示。

图 6-10

6.4 免装使用云端软件

〔**应用场景**〕

很多时候外出办公，使用人家的电脑却没有安装相应软件，购买软件需要花钱，实在是不划算。不急，今天我还真能满足你的这点小心思：云端超级应用空间，免费而且免安装使用正版软件。

〔**案例分享**〕

1. 注册账户

在浏览器中打开网址 https://uzer.me/，登录超级云端应用空间，点击"注册"，即可获得一个账户。

用注册的账户和密码登录，可以看到很多的应用软件，除了常用的办公软件 WORD、Excel、PPT 以外，还有思维导图 Imind、火狐浏览器、PDF 浏览器等，甚至连大型专业建筑软件 AutoCAD、制图软件 Photoshop、Illustrator 都一应俱全。让你不花一分钱，免费享受正版软件，何乐而不为呢？如图 6-11 所示。

图 6-11

2. 运行软件

点击打开你需要的软件，操作说明界面可以点击跳过，就打开了软件，如同使用本机软件别无两样哦。是不是很爽呢？如图6-12所示。

图6-12

3. 新建文档库

登录后，点击左上角的"文档库"图标，在弹出的窗口中点击"新建文件夹"，输入文件夹的名称，如图6-13所示。

4. 上传文件

点击文档库里面的"上传"按钮，选择上传文件或者文件夹即可完成上传。如图6-13所示。

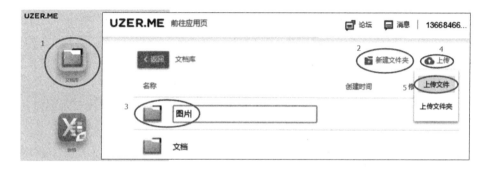

图6-13

5.浏览文件

上传文件后，自己的文件就自动保存到了云端，下次只需要登录云端超级应用空间，就可以打开文档库，找到已传文件即可浏览，如同打开自己的电脑操作一样。如图6-14所示。

图 6-14

第7章　信息发布采集与自动办公

常规方法组织大型活动任务庞杂，报名、签到、发证等工作量大，效率低下。运用 HTML5 工具、手机、问卷星等工具快速发布邀请函、问卷、试题，实现信息收集、数据处理统计报告自动化，签到考勤自动化，证书批量制作自动化，可以大大节约人力、财力，提高工作效率。

本章精要：

◆电子邀请函

◆问卷星问卷

◆问卷星考试

◆ Word 邮件合并

7.1 制作多媒体邀请函

〔应用场景〕

组织培训或者其他大型集会活动，需要事先邀请参会人员，传统的方法是发送文件、公函或者纸质邀请函，效率比较低下。现在我国 WPS 公司出产的一款面向普通用户的 HTML5 制作软件——秀堂，提供海量模板，用户只需通过简单的图片、文字替换操作，即可快速生成具备丰富动画效果和背景音乐的在线 HTML5 页面。该软件是深受用户欢迎的信息发布工具和收集信息的工具，而且简单易用，没有任何技术要求。生成的页面可以一键分享到 QQ、微信、微博等社交网络，传播速度极快，还可以通过表单收集用户的信息。这样一来，组织培训、集会等活动之前通过秀堂收集对方的报名信息就易如反掌了。

〔软件版本〕

秀堂

〔案例分享〕

用秀堂制作活动预告并自动收集参会回执。

1. 登录秀堂官方网站 Http://S.Wps.Cn，新用户需要注册个人账号，然后登录。

2. 新建画册

点击"创建空白画册"，根据自己的需要选择横屏，或者长页面模式，本案例选择横屏样式制作。

3. 制作封面

可以在页面上方工具栏中选择相应的菜单进行操作，也可以在页面左侧模板处选择封面、表单、图文、图表等页面的模板进行编辑制作。为了简单，我们一般选择模板进行修改。选择"版式"→"封面"，在出现的模板中选择一种适合自己设计主题的一个模板做封面，然后在右边直接修改相应内容。如图7-1所示。

图 7-1

4. 制作第二页

点击左侧第一页下面的"+"添加一页，选择"版式"→"图文"，选择一张合适的模板，修改相应内容完成第二页。如图7-2所示。

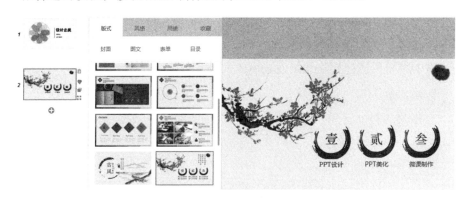

图 7-2

5. 制作表单页

点击左侧第二页下面的"+"添加一页，选择"版式"→"表单"，选择一张合适的模板。如图7-3所示。

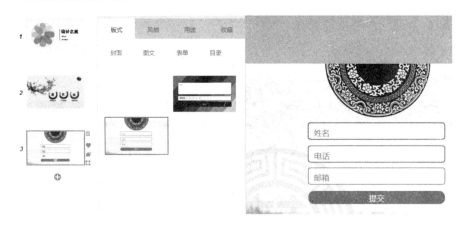

图7-3

6. 修改背景

如果你感觉对第三页效果不是很满意，需要修改。在页面左侧选择第三页，点击菜单栏"背景"选项，在背景库里选择一种背景，则第三页立即呈现所选背景样式。

7. 添加形状

在页面左侧选择第三页，点击菜单栏"形状"选项，选择适当的形状，旋转一定角度。点击形状上边的"填充"菜单，从右侧选择合适的填充颜色。

8. 添加文字

在页面左侧选择第三页，点击菜单栏"文本"选项，在编辑框输入"回执"两个字，将它拖放到前面插入的形状上面。选择"回执"两个字，在上边出现的菜单里选择相应选项设置字体大小和颜色。如图7-4所示。

9. 添加音乐

点击菜单栏"音乐"选项，在下面出现的曲目中选择一种合适音乐添加进去即可。如图7-5所示。

10. 预览和发布

点击"更改封面"，选择合适封面，输入标题和描述内容。点击左边预览窗口，预览整个H5文件，有不满意的地方再调整关闭预览窗口后修改。修改完成后，点击"预览/发布"按钮，点击"发布"。

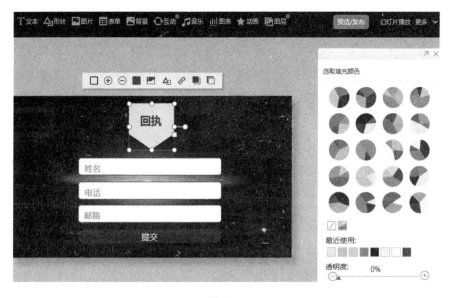

图 7-4

图 7-5

图 7-6

11. 分享作品

若要分享作品，可以点击发布窗口下面的 QQ 图标，将作品分享给 QQ 好友或 QQ 群。也可以分享到 QQ 空间、新浪微博和豆瓣网。还可以直接复制链接或二维码分享。如图 7-6 所示。

12. 收集客户信息

在秀堂主页点击"我的画册"，将光标移动到自己已经发布的画册，上面出现"编辑"和"表单数据"选项。选择"表单数据"，点击可以查看学员报名情况。如图 7-7 所示。

图 7-7

7.2 智能组织报名签到

〔**应用场景**〕

组织大型会议或者培训等活动，主办单位需要提前收集准确无误的参会人员信息，才能确保会场布置、食宿安排、车辆接送等系列筹备工作有条不紊地开展。采用传统的方法学员提前报送参会回执的办法，一来二往，收集统计信息很麻烦。而且，一切准备就绪后，会议开始前还有签到工作，如果采取传统的签到方式，十分紧张忙碌，而且不便及时统计到会人员数据。

利用问卷星，结合微信等工具，可以迎刃而解这些问题。承办机构在会前通过QQ群、微信圈及其他平台发放报名的链接或者二维码，邀请参会者自助完成网上报名工作，主办方即可在后台及时了解报名信息。开会时，在会场入口处摆放签到的二维码，参会人员扫码即可完成签到手续，径直走进会场。方便快捷，简单易用，成本低廉。培训机构不管组织多么大型会议或者培训，均可实现无人工干预数据采集，学员自助完成报名和签到工作，大大减轻培训机构的工作量，迅速获取准确无误的各类统计报表。

〔**软件版本**〕

问卷星

〔**案例分享**〕

新教师培训是教育部要求的新入职教师必须完成的一项培训任务。如云阳县近几年每年都有600名以上新入职教师，涉及学前教育、小学、初中、高中、中职等各个学段，同时也涉及十余个学科。云阳教师进修学院作为培训机构，必须掌握准确信息才能分层分科组织培训。为减少工作量，避免人工统计容易出现的疏漏，利用问卷星的调查问卷功能，轻松实现培训学员自主报名和每天的自动签到，大大减少工作人员的工作量。

1. 学员自主报名

（1）设计问卷

A. 创建报名表单。登录问卷星，点击"创建问卷、考试、投票"。

B. 选择问卷类型为"报名表单"，输入调查名称"云阳县2016年新教师培训"如图7-8所示。

请选择创建问卷类型

| 调查 | 考试 | 投票 | 报名表单 | 360测评 | 测评 |

图 7-8

C. 编辑问卷内容。选择创建问卷方式，选择问卷模板为"签到系统"，修改内容完成编辑，也可选择导入文本的方式创建问卷。如图7-9所示。

云阳县 2016 年新教师培训

*1. 姓名：

👤

*2. 部门/项目：

*3. 职位：

图 7-9

（2）发布问卷

点击"发布问卷"后，得到问卷发布的网址及二维码。点击微信、QQ图标，可以将问卷发布到事先建立的微信圈、QQ群，以邀请学员填写问卷，即可自助完成报名工作。如图7-10所示。

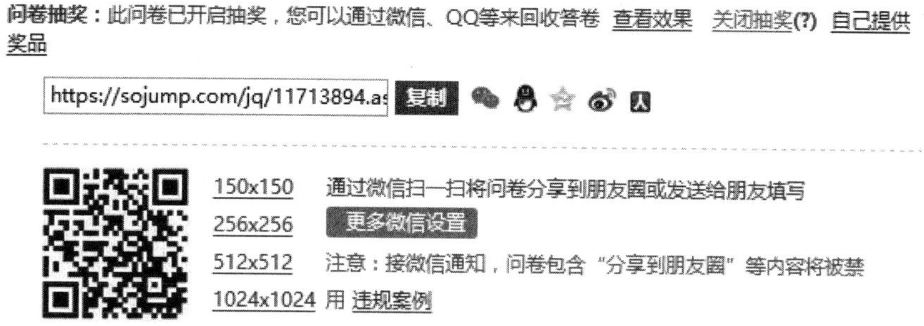

问卷抽奖：此问卷已开启抽奖，您可以通过微信、QQ等来回收答卷 查看效果 关闭抽奖(?) 自己提供奖品

https://sojump.com/jq/11713894.as 复制

150x150 通过微信扫一扫将问卷分享到朋友圈或发送给朋友填写
256x256 更多微信设置
512x512 注意：接微信通知，问卷包含"分享到朋友圈"等内容将被禁
1024x1024 用 违规案例

图 7-10

（3）回收答卷

待学员自助报名后，培训机构可以随时点击"分析结果"，掌握培训学员报名情况，及时调整培训场地布置、食宿安排等方面的准备工作。

2. 学员自动签到

（1）签到设置

点击"设计问卷"下的"签到设置"，选择设置用微信签到或者用手机号码进行签到。如图7-11所示。

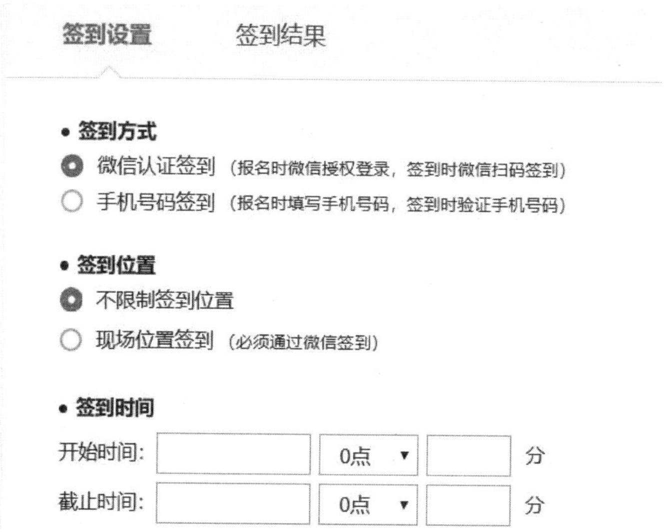

签到设置　　　签到结果

• 签到方式
◉ 微信认证签到（报名时微信授权登录，签到时微信扫码签到）
○ 手机号码签到（报名时填写手机号码，签到时验证手机号码）

• 签到位置
◉ 不限制签到位置
○ 现场位置签到（必须通过微信签到）

• 签到时间
开始时间：[   ] [0点 ▼] [   ] 分
截止时间：[   ] [0点 ▼] [   ] 分

图 7-11

（2）发布签到二维码

设置好后，得到签到二维码，将二维码放置在会场入口醒目的位置或者投影到大屏幕上，参会人员扫描二维码即可完成签到手续。省去纸质签到或人工点名，避免了代签现象，实现了从人管人到"智"管人的转变。

（3）统计签到结果

会议承办方随时可以通过后台查看签到结果，包括已签到用户和未签到用户的信息。如图7-12所示。

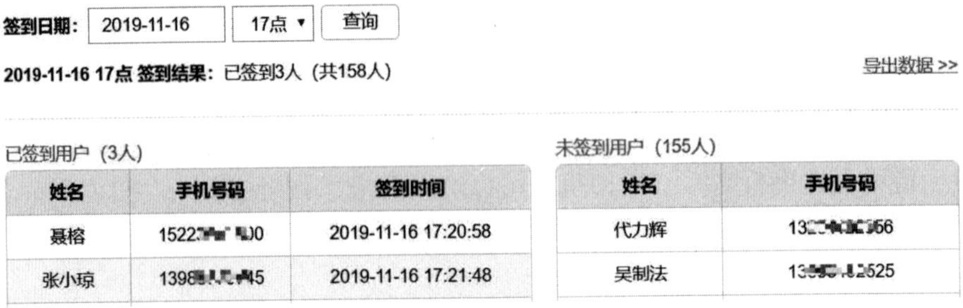

签到日期： 2019-11-16   17点 ▼   查询

2019-11-16 17点 签到结果：已签到3人（共158人）   导出数据 >>

已签到用户（3人）

姓名	手机号码	签到时间
聂榕	1522▨▨▨0	2019-11-16 17:20:58
张小琼	1398▨▨▨45	2019-11-16 17:21:48

未签到用户（155人）

姓名	手机号码
代力辉	13▨▨▨▨66
吴制法	13▨▨▨▨625

图 7-12

7.3 高效组织无纸化考试

〔应用场景〕

为了提升培训质量，培训组织机构可以安排培训测评环节，利用任务驱动的方式促进学员更加用心学习。过去用纸质试卷考试的办法，出题审题、印制试卷、评阅试卷、成绩统计费时费力，效率低下，这种测评一般适宜放在培训结束阶段，但培训结束往往需要根据测评结果制发结业证书，时间紧任务重。利用问卷星考试功能，可以很好地解决这一系列问题。制作好考试问卷之后，将考试链接或者二维码发给学员，学员在短时间内就可以作答提交问卷，系统能立即自动阅卷并统计出结果，丝毫不影响后面的结业等环节，效率高且不出错。同理，中小学教师均可利用问卷星的考试功能对学生进行知识检测，阅卷、分析自动化，让自己从繁重的劳动中解放出来。

〔案例分享〕

1. 创建试卷。点击"创建问卷、考试、投票"，选择"考试"，点击"下一步"，如图7-13所示。

2. 输入考试名称："小学语文新课程标准测试"，选择一种创建问卷的方式，开始创建问卷。对于题目数量不多的考试，

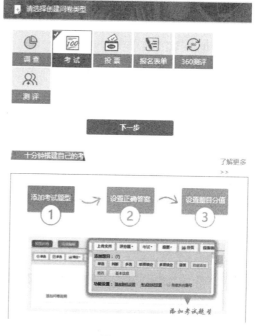

图7-13

可以选择第一种"选择问卷模板"创建问卷。如图7-14所示。

图 7-14

3.编辑试卷。选择第一题,点击"编辑",将原来的题目修改成自己的题目"小学语文新课程标准是哪年出台的?",设置备选答案为"A、2011年""B、2010年""C、2009年""D、2008年"。在正确答案"A、2011年"后边打上钩,设置题目分数为3分,完成编辑。如图7-15所示。

4.上题为单选题型,如有多道单选题,可以点击"复制"后适当修改即可。其他类型的题目如法炮制。

如果需要创建的试卷内容比较多时,可以事先在Word里面编辑好试卷内容,然后选择"导入问卷文本"的方式创建试卷,也可选择"录入问卷服务"采取付费由问卷星专业录入创建问卷。

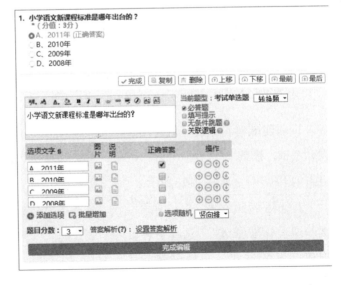

图 7-15

7.4 快速调研学习满意度

〔**应用场景**〕

培训结束，如何测评培训效果呢？利用问卷星创建调查问卷并发布到学员微信圈，方便快捷，简单易用，成本低廉，与会人员掏出手机即可填写，绿色环保不用纸张，不用安装其他软件等繁杂的操作。传统的问卷调查往往流于形式，很少有人去做费时费力统计结果的事。采用问卷星调查，完全不用人工统计，系统当场就能自动统计出结果。同样，在学校管理中，教务主任可以用这个办法方便地统计出学生对教师的评价。年度考核中，员工的自评和互评，组织对领导的考评等工作，也可以采用此法。

〔**软件版本**〕

问卷星

〔**案例分享**〕

1. 创建问卷

进入问卷星网页，注册账户后登录，点击"创建问卷"。

2. 选择创建问卷类型为"问卷调查"，点击"创建"，输入考试名称如"入党积极分子培训满意度调查"，点击"立即创建"，如图7-16。也可以选择问卷模板、导入文本，前提是需要先

图 7-16

熟悉设置问卷格式要求，还可以选择人工协助录入。这里以直接手动输入为例说明创建问卷的方法。

3.选择右上角"个人信息"→"姓名"→"完成编辑"，同样可以选择性别等需要对方填写的其他基本信息栏。如图7-17所示。

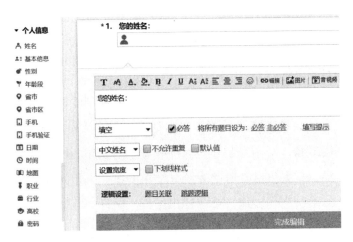

图 7-17

4.选择菜单栏相应的题型，比如"单选"，在标题输入框里输入题目内容如"您对本次培训满意吗？"，输入答题选项如"非常满意""满意""不满意"，如果选项较多，可以点击"添加选项"，设置好后点击"完成编辑"。如图7-18所示。

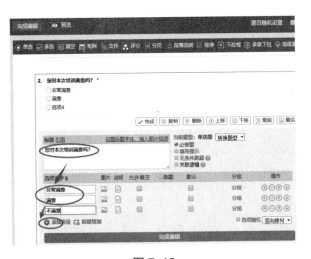

图 7-18

5. 重复以上3、4步骤，继续输入所有问卷内容。也可以采取"批量添加题目"的方式添加所有题目，如图7-19所示。这种方式需要严格按照预设的题型范例格式，修改为自己的问题内容，一次性导入所有问题。

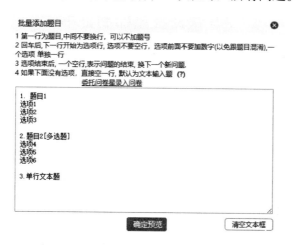

图 7-19

6. 预览，确定无误后点击"完成编辑"，点击"发布此问卷"。得到问卷发布的网址及二维码。点击微信、QQ图标，可以将问卷发布到事先建立的微信圈、QQ群，邀请学员填写问卷，即可自助完成问卷调查工作。如图7-20所示。

图 7-20

7.5 快速批量印制证书

〔应用场景〕

培训结业时需要给培训学员发放培训结业证书或者优秀学员证书。往往在培训结束前要对学员进行培训考试考核，根据考核结论确定合格学员或者优秀学员名单，然后才能制作结业证书和优秀学员证书。因此，留给制作结业证书和优秀学员证书的时间十分紧张。用传统方法手工填写工作量极大，如果书写水平不高的话还影响证书的美观。利用 Word 的邮件合并功能将极大解放培训管理者的工作量，而且能保证证书的美观和质量。同样，任何单位和个人，凡是需要批量制作各类证书的均可采用这种办法，提高工作效率。

〔案例分享〕

Word 2019

Excel 2019

〔案例分享〕

利用 Word 的邮件合并功能印制"云阳县骨干教师教研论文获奖证书"。

1. 创建 Excel 文件，录入相关信息

表中有10条记录，并有编号、姓名、成绩、获奖等级4列，如图7-21所示。

	A	B	C	D
1	编号	姓名	成绩	获奖等级
2	0001	张三	89.35	二
3	0002	李四	98.54	一
4	0003	王五	79.09	三
5	0004	刘七	78.65	三
6	0005	卢婷	85.94	二
7	0006	曾灵	93.56	一
8	0007	吴后	86.99	二
9	0008	向东	77.88	三
10	0009	孙猴	97.88	一
11	0010	陈皮	79.57	三

图 7-21

2. 创建 Word 文件，制作证书模板

录入荣誉证书上需要的信息并编辑排版，注意设置纸张大小要与证书尺寸一致，如图7-22所示。

证书编号：

老师：

在云阳县 2017 年骨干教师教研论文考核评比中，荣获：

等奖

重庆市云阳教师进修学院

2017 年 6 月 25 日

图 7-22

3. 启动邮件合并向导

点击"邮件"标签，打开邮件工具箱。点击"开始邮件合并"，将弹出"开始邮件合并"菜单，如图7-23所示。

图 7-23

在下拉菜单中，选择"邮件合并分步向导"就启动了邮件合并向导，如图。

4. 在"邮件合并"面板中，完成如下设置

（1）选择文档类型。选择默认项"信函"，点击"下一步"。

（2）选择开始文档。选择你要使用哪一个 Word 文件。建议默认："使用当前文档"，点"下一步"。

（3）选择收件人。选中"使用现有列表"项，再点"浏览"按钮，如图7-24所示。

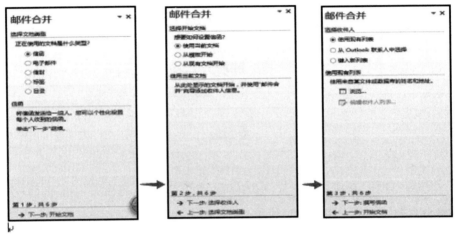

图 7-24

（4）选择数据源

在弹出的"选取数据源"对话框中，查找定位刚才的 Excel 文件，点击"打开"，如图 7-25 所示。

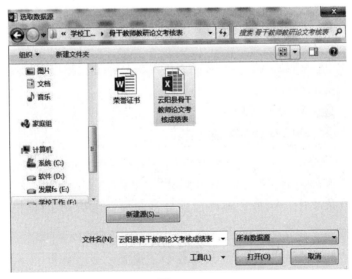

图 7-25

（5）选择表格。勾选"数据首行包含列标题"项，确定，如图7-26所示。

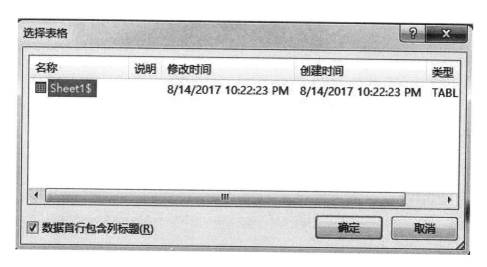

图 7-26

（6）并入收件人信息。遵从默认设置，点击"确定"，如图7-27所示。

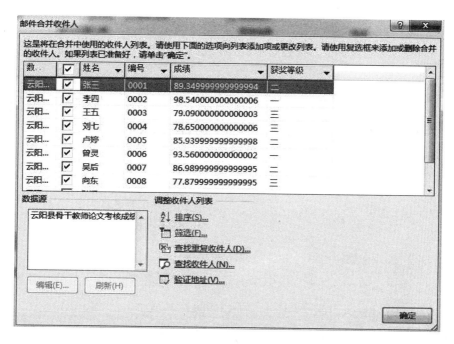

图 7-27

（7）完成收件人信息绑定。

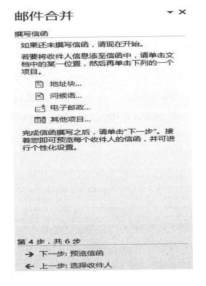

图 7-28

（8）撰写信函，插入数据源。

A.点击"下一步：撰写信函"按钮，弹出"撰写信函"面板，如图7-28所示。

B.将光标定位到证书模板的图7-29所示。

证书编号：

老师：
　　在云阳县 2017 年骨干教师教研论文考核评比中，荣获：

等奖

重庆市云阳教师进修学院

2017 年 6 月 25 日

图 7-29

C.选择"插入合并域"窗口中的"编号"，点击"插入"，默认为"数据库域"，就把 Excel 当作数据库来用了，如图7-30所示。

D.再选择"其他项目"，将光标定位到证书模板的"姓名"处，在"插入合并域"窗口中选择"姓名"，点击"插入"，如图7-31所示。

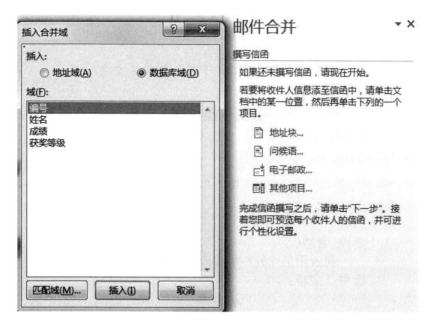

图 7-30

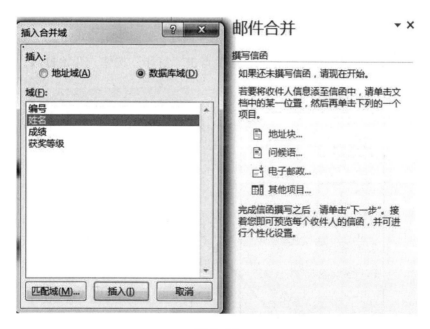

图 7-31

E. "获奖等级"设置方法与上相同,效果如图7-32。

F. 点击"下一步",预览证书效果,如图7-33。

证书编号：《编号》

《姓名》老师：

在云阳县 2017 年骨干教师教研论文考核评
比中，荣获：

《获奖等级》等奖

重庆市云阳教师进修学院

2017 年 6 月 25 日

图 7-32

证书编号：0002

李四 老师：

在云阳县 2017 年骨干教师教研论文考核评
比中，荣获：

一等奖

重庆市云阳教师进修学院

2017 年 6 月 25 日

图 7-33

5. 完成合并，打印证书

点击"下一步"，完成合并，最后点击"打印"按钮，开始打印，如图
7-34 所示。

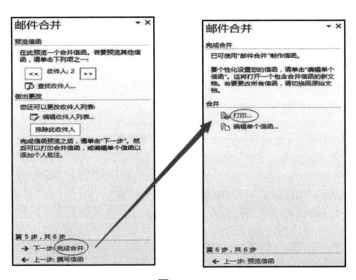

图 7-34

第8章　云端笔记与协同办公

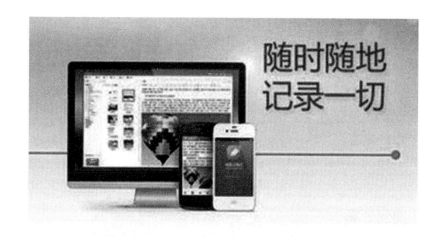

　　云笔记是跨平台的简单快速的个人记事备忘工具，会议记录、日程安排、生活备忘，奇思妙想、快乐趣事以及任何突发灵感都可快速记录到云笔记，各类信息云端存储。不管是电脑、手机还是 iPad，多段信息自动同步，而且能实现与团队成员高效协同办公，是移动办公不可或缺的一大利器。

本章精要：

◆创建笔记　　　◆分享笔记

◆评论笔记　　　◆回复笔记

◆创建群组　　　◆任务清单

◆创建日历　　　◆创建备忘

8.1 快速整理读书笔记

〔**应用场景**〕

古人云："不动笔墨不读书"，写读书笔记往往需要摘抄书刊里面的精彩内容，还需要标注出处、页码等内容。用传统的方法记读书笔记，工作量着实不小，这也正是很多人难以坚持的原因之一。用"涂书笔记"拍摄书中感兴趣的内容，只需涂抹要摘录的文字，即可轻松记录读书笔记了。这种电子读书笔记，记录轻松，查阅方便，值得拥有。

〔**软件版本**〕

涂书笔记2.2.2

〔**案例分享**〕

用涂书笔记快速记录读书笔记。

1. 新建笔记本

打开涂书笔记 APP，点击左上角"新建"，弹出"新建笔记本"对话框，可以手动输入准备建立的读书笔记的书名，也可以点击输入框右边的条形码图标，扫描书籍封面的条形码，自动录入书籍名称。如图8-1所示。

图 8-1

2. 拍摄笔记内容

横向握持手机，对准需要拍摄的书页，点击拍摄按钮。用手指涂抹需要识别的范围，软件自动识别出上面的文字内容。如图 8-2 所示。

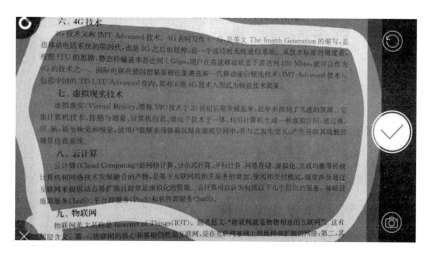

图 8-2

3. 编辑笔记

手机上面部分是摘要原图，下面部分是软件识别后的文字效果。只要光线充足，拍摄效果良好，识别率是相当不错的。对照摘要原图，修改编辑文字内容。点击下一步，可以输入文字内容所在的页码，可以编辑读书心得，选择保存目录。如图 8-3 所示。

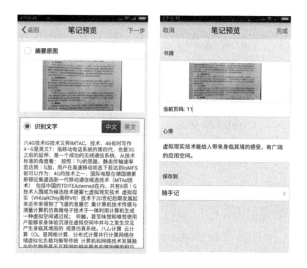

图 8-3

4. 分享读书笔记

点击分享，可以将笔记分享到微信好友、微信朋友圈、新浪微博等。在手机端所做的笔记可实时保存到云端，不用担心您的笔记因手机损坏和遗失而丢失，随时可以在电脑端用浏览器查看和修改笔记。

8.2 为知笔记高效做笔记

〔**应用场景**〕

不少人都有记笔记的习惯，可是传统的记笔记方法弊端显而易见，一是离不开纸笔，携带不方便；二是查找不方便。相信很多人都在苦苦寻找这样一款软件：可以随时随地轻轻松松在手机上、电脑上、iPad上记录笔记或日记，可以随时随地查找翻阅以前的记录，可以方便地开展团队协同办公、布置工作、交流思想、分享资料，可以提供便签功能、备忘提醒等功能。像这样好的软件去哪里找呢？其实早已有了这样的软件——为知笔记，它就完全符合你的这些想法。

〔**软件版本**〕

为知笔记 4.10.1

〔**案例分享**〕

培训工作千头万绪，各类文件多如牛毛，如政策文件、会议通知、计划总结、培训方案，加之其他工作和私人文档资料，管理起来实在是让人头疼。培训机构的工作人员，可以这样管理自己的文件。

1. 熟悉软件界面

为知笔记界面舒适，分为左中右三个区域，左边是用户设置的文件夹，其中上部为个人文件夹，下部为团队文件夹；点击某个文件夹后，里面的文件摘要显示在中间区域；点击中间某个文件，其具体内容显示在右边区域。各个选项都可以展开收缩，十分灵活。如图8-4所示。

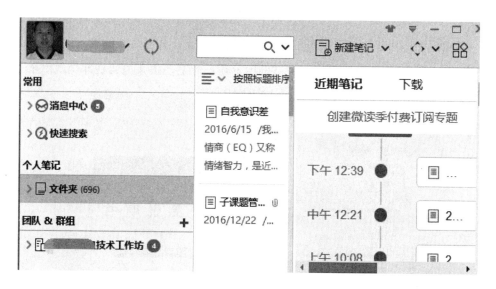

图 8-4

2. 构建多级树形目录

为知笔记有无限多级树形目录，可以任意创建、移动、重命名、删除文件和文件夹，管理文件灵活有序。比如作者结合自身的工作，设置了"教师培训""继教管理""课题研究""名师工作室""我的日记""我的笔记""我的任务"七个一级文件夹。"名师工作室"下面又分为"活动简报""活动通知""研修作业""资料"四个二级文件夹。二级文件夹下再按年度划分三级文件夹。这样划分眉清目楚，方便查找。如图 8-5 所示。

```
∨ 📁 文件夹 (2511)
  > 📁 教师培训 (7/1000)
  > 📁 课题与研究 (48/83)
  > 📁 信息技术 (42/191)
  ∨ 📁 名师工作室 (33/113)
      > 📁 活动简报 (30/36)
        📁 活动通知 (18)
        📁 研修作业 (12)
        📁 资料 (14)
  > 📓 我的日记 (0/237)
```

图 8-5

3. 分门别类整理现有文档

我们平常在工作中产生了大量的 Word、Excel、PDF 等办公文档，将它们对号入座分别导入上面所设置的文件夹内，建立个人的专属档案库。具体有以下四种方法导入外部现成文档。

（1）拖动文件到左侧的目标文件夹，弹出传输文件的窗口，传输完毕后窗口自动消失。文件夹里自动添加了一篇新的笔记，而且以原文件名相同名称自动保存，同时文档作为附件添加到笔记里面。如图8-6所示。记事本文件、Word、PPT和PDF等格式文件的内容在右侧笔记正文里面立即呈现出来，不用打开附件就可以方便地浏览文档内容了。

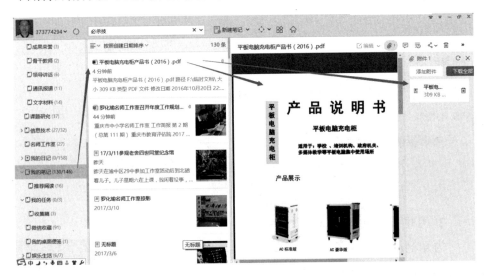

图 8-6

（2）在文件上点击鼠标右键，选择"发送到"→"为知笔记"，弹出"发送到为知笔记"的对话框，选择左边相应的文件夹，点击"确定"，文档就作为附件添加到笔记里面了。同样，记事本文件、Word、PPT、PDF等类型的文档内容在笔记正文里面显示出来。

（3）在笔记页面点击工具栏的附件图标，点击"添加附件"，在弹出的对话框里找到需要上传的文件，点击"打开"，则文件作为附件添加到笔记里面。如图8-7所示。

图 8-7

（4）将文件拖进笔记正文的窗口里面，笔记正文里面显示该文件的快捷图标，文件作为附件添加到笔记里面。如图8-8所示。

图 8-8

4. 手动输入笔记

点击左边的文件夹如"计划总结"，点击右上角"新建笔记"旁边的缩放符号，在弹出的对话框里选择需要的模板，比如"会议记录"，就可以在设置好的模板上输入笔记内容了。当然，也可以不选择模板，直接点击"新建笔记"，就可以新建一篇没有模板格式的文档了。

8-9

5. 查阅笔记

为知笔记分为左中右三个区域。点击左边的文件夹（有下一级目录的文件夹前面有" > "符号，点击" > "符号可以展开下一级目录）。该文件夹里面的所有文件缩影在中间区域显示出来，点击中间区域的文件缩影，文件正文会显示在右边区域。如图8-10所示。如果笔记较多，一时难以找到，可以在搜索框里输入需要查找的关键字，很快就能找到相应的笔记。

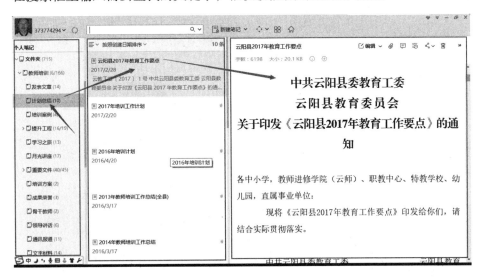

图 8-10

6. 建立备忘提醒

为知笔记可以创建桌面便笺、任务列表、日历等，这些功能集成在一个浮动工具栏里。平时浮动工具栏隐藏在桌面上边缘，当鼠标靠近时就显现出来。如图8-11所示。

（1）创建桌面便笺

桌面便笺是一种界面类似于便利贴的小窗口，可以拖动并固定在电脑桌面任意位置，拉到电脑桌面上边缘就可以自动隐藏，当鼠标移近时便签会自动滑出，可以在里面写一些用于提醒自己的待办事项。如图8-12所示。

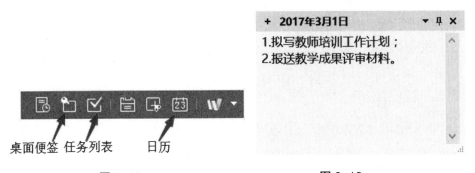

图 8-11   图 8-12

（2）创建任务列表

鼠标靠近为知笔记浮动
工具栏，点击屏幕上方浮动
窗口中的"任务列表"，弹
出任务列表窗口，点击右上
角"+"，弹出"新建任务列
表"窗口，单击"新建任务
列表"可以修改标题如"2017
年记事"，单击下面"新建
任务"字样可以创建新的任

图 8-13

务列表。当完成某项任务后勾选前面的方框，该项任务自动跳到下面已完成
事项区域变成灰色。如图8-13所示。

（3）创建日历

如图8-11所示，点击屏幕上方浮动工具栏中的"日历"按钮，弹出日历
界面。点击某个时间比如星期二8：00，弹出创建事件的窗口，填写事件标
题如"请示研究会事宜"，设置标签为"请示"（便于日后查找），也可不设
标签。如果需要重复提醒，则可以点击"编辑事件"，设置需要重复提醒的周
期，如图8-14所示。提醒时间到后会自动弹出提醒对话框。

图 8-14

〔**技巧点拨**〕

◆为知笔记通过云服务在手机和电脑上保持同步，具有多终端自动同步功能，电脑、手机、iPad……想在哪里办公就在哪里办公，随心所欲，不受时间、地点限制。而且没有网络的情况下也能查看和记笔记，一旦有网络后就能上传保持同步。

◆将已有文档拖入为知笔记文件夹，原文档以附件形式保存，不用打开附件就可以浏览和查找文档内容，极大地方便了用户。前提是 Word 和 PPT 需要本机安装了微软 Office 完整版，显示 PDF 类文件需要安装插件。第一次拉入 PDF 文件时会出现安装提示，下载安装插件即可正常浏览。

8.3 为知笔记协同办公

〔**应用场景**〕

工作团队各个成员的资料一般都是杂乱无章地保存在各自的电脑里，犹如信息孤岛。每当需要汇总材料的时候还要找这个找那个。这种团队犹如散兵游勇，不能形成合力，管理费时费力，效率低下。再如，课题研究是一个漫长的过程，其间需要调研考察、查阅文献资料等，形成许多研究过程资料比如简报、图片、成果、开题报告、中期报告、结题报告等。这些资料如果不注意收集和整理，结题时将会忙得一团糟。平时分配研究任务，查看团队成员研究动态等，都需要一种及时反馈的平台。为知笔记可以轻松解决团队管理上的这些困扰，在网络协作办公方面表现相当出色。

〔**软件版本**〕

为知笔记 4.10.1

〔**案例分享**〕

利用为知笔记创建团队，并开展团队高效协同办公。

1. 创建自己的团队

要使用为知笔记强大的团队协同办公功能，首先需要创建自己的工作团队。具体步骤是：

（1）登录为知笔记 Windows 客户端，点击左侧的"团队笔记"右侧的"+"号按钮，然后点击"免费开通团队服务"，如图 8–15 所示。

（2）弹出创建团队的对话框，设置团队名称（后续可修改）、所属行业、联系电话，点击"下一步"，如图 8–16 所示。团队是为知笔记团队服务的最高级别组织，团队下面可以创建多个群组。

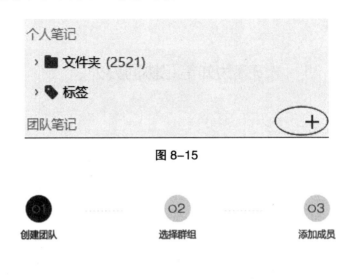

图 8-15

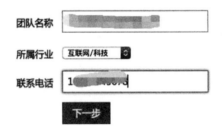

图 8-16

（3）创建群组。根据需要选择创建1个或2个群组（群组名称后续可修改，团队服务免费版最多可以创建2个群组，升级后可以创建更多群组），如图8-17所示。每个群组可以添加不同的群组成员，群组内的文档仅群组内成员可访问。

图 8-17

（4）添加群组成员。输入成员邮箱，添加到团队，系统会将成员默认分配到所有群组，如图8-18所示。如果输入的成员邮箱已经是为知笔记账号，则加入后可立即使用，如果输入的邮箱还不是为知笔记账号，会发邮件引导注册账号。也可以先

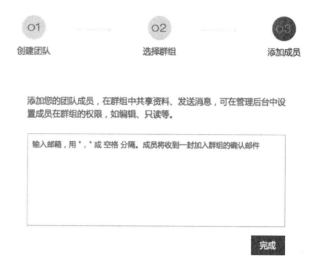

图 8-18

略过此步，通过群组邀请链接添加成员。开通成功后，会发送一封确认邮件，成员点击正文中的链接操作即可进入该群组。

（5）为群组成员赋予不同权限。在为知笔记左侧的群组笔记上点击右键，选择"管理群组"，进入群组管理页面后，点击"成员管理"，弹出"管理群组信息"对话框，可以看到进入群组的成员。勾选某个成员的头像，在底部弹出的"更改成员角色"里勾选赋予不同的角色，也可选择删除该成员。如图8-19所示。

图 8-19

〔技巧点拨〕

群组成员不同角色有不同的权限，具体如下：

团队创建者：具有最高团队与群组管理权限，默认为所有群组的管理员，且权限不可修改；

团队管理员：该角色具有团队与群组的管理权限，可代替团队创建者管理团队与群组，可在管理后台管理所有群组（群组信息与成员管理），对目录和笔记的权限，取决于其所在群组中的权限；

群组管理员：可设置群组成员权限，删除群组成员，可将团队成员分配到群组，但无法将外部账号添加到团队，可创建、删除、移动、重命名目录，可编辑、删除群组笔记，可恢复已删除笔记，可阅读、评论、点赞所有笔记。

超级用户：无群组管理权限，可创建、删除、移动、重命名目录，可新建、编辑、删除群组笔记，可恢复已删除笔记，可阅读、评论、点赞所有笔记。

编辑：无法创建目录，可新建、编辑、删除群组笔记，可阅读、评论、点赞所有笔记；

作者：无法创建目录，可新建、编辑、删除自己创建的笔记，可阅读、评论、点赞所有笔记；

读者：无法创建目录，无法新建、编辑、删除笔记，可阅读、评论、点赞所有笔记。

2.有条不紊管理团队资料

为知笔记采用树形目录结构，可以分门别类收集、记录、保存、整理、编辑、阅读各类文件。整理团队笔记跟整理个人笔记的方法完全相同。

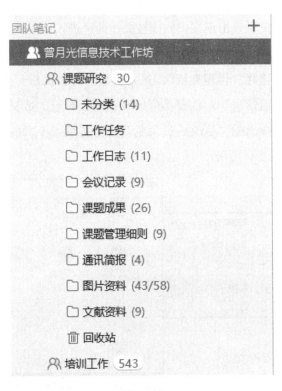

图8-20

笔者根据自身的工作建立"信息技术工作坊"团队笔记，其下建立了"课题研究"和"培训工作"两个文件夹。课题研究下面又分为"工作日志""会议记录""课题成果""通讯简报""图片资料""文献资料"等几个文件夹，各个文件夹分别存放相应的文件资料，如图8-20所示。如何创建笔记和存放资料在上一个章节作了介绍，这里不再赘述。

3. 迅速准确传递团队信息

用"@"功能快速通知团队成员，对方为知笔记立即得到响应，即使对方处在关机状态，一旦开机就会出现提示消息，让你不容错过任何一个团队成员的沟通信息。

（1）给团队成员发送评论（消息）。点击"评论"图标，自动展开评论面板，输入评论内容后，点击"@"会弹出群组成员列表，选择你想要发送消息的对象，点击"发表"，消息就可以发送给对方了，如图8-21所示。如果选择"@All"，所有群组成员都可以接收到信息。

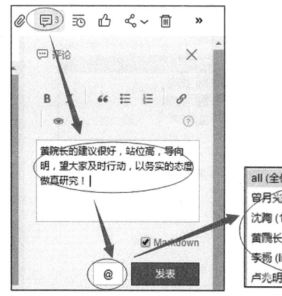
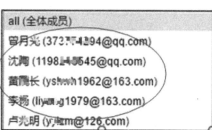

图 8-21

（2）回复他人的评论（消息）

点击"评论"图标，自动展开评论面板，可以看到团队成员之间的评论。

选中需要回复的某条评论，点击"回复"，即可回复人家的评论。团队成员可以直接针对任意笔记进行评论，收到评论的成员可以进行讨论回复，团队工作过程集中保存在该篇笔记的评论中，来龙去脉一目了然。

当有如下需求时，都可以在群组中通过"@"功能给你的同事发消息保持联络，同时也很好地记录反映了工作的全过程：布置工作任务，通知执行人员；分享工作经验给自己的同事；评价他人的笔记，发表意见或提出建议；请示、汇报工作。

（3）查看接收消息

在为知笔记左上角的消息中心，能够接收到所有的消息，包括收到"提到我的消息""评论消息""我发出的消息"等。可按消息分类查看，还可展开"来自"按消息发出者进行筛选，可看到群组最近更新的内容，及时了解团队动态。如图8-22所示。

图 8-22

4. 使用待办清单跟踪任务

（1）编辑任务清单。有时布置工作任务后需要逐条销号，跟踪落实完成情况，可以通过任务清单来实现。将光标置于创建的任务清单内容前面，然后点击编辑器中的"√"，插入清单按钮（快捷键：Ctrl+O），这时任务清单前面出现一个复选框。

（2）通知对方完成任务。在刚才创建的任务清单标题上 @ 相关成员或者通过评论@相关成员，相关工作人员接收到任务消息，办理完成任务后及时勾选复选框，则系统自动记录完成者的姓名和完成时间，管理者便可以借此跟踪任务执行的过程。如图8-23所示。

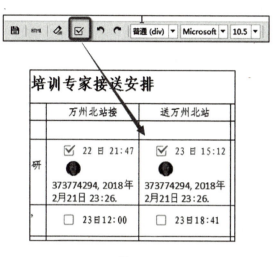

图 8-23

5. 快速分享为知笔记

（1）邮件分享

使用发送邮件功能需要你的为知笔记账号已经验证过登录邮箱。点击工具栏中的分享图标，在弹出的菜单中选择"发送邮件"，在弹出的菜单中填写收件人邮件地址，单击"发送"，对方就可以收到你发的邮件了。如图8-24所示。

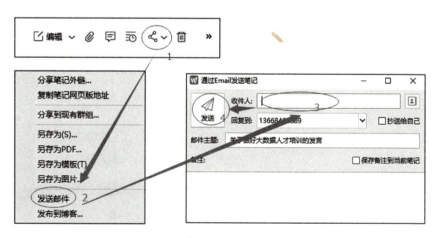

图 8-24

（2）分享到微博、微信

点击工具栏中的分享图标，选择"分享笔记外链"或在笔记列表中右键笔记选择"分享笔记外链"。弹出"分享链接"对话框，点击"继续创建"按钮，弹出"分享链接"对话框，可以选择"分享到微信""分享到微博""复制链接"等方式分享。当选择"分享到微信"方式时，窗口下面出现二维码，用微信扫描二维码即可分享给微信好友。如图8-25所示。此外，还可以设置密码，限制访问次数及天数。在个人笔记中，"分享笔记外链"功能仅限个人VIP用户和付费团队中的超级用户及以上角色。

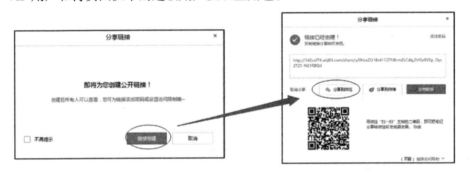

图 8-25

6.将为知笔记发布到博客

很多人都开通了博客，有时候自己为知笔记的东西也想发布到博客中，难道需要打开博客重新录入一遍吗？大可不必，其实为知笔记是一款很好的博客离线撰写工具，提供了一键发布到博客的功能，减少了重复劳动，十分贴心。只需要点击工具栏中的分享图标，点击"发布到博客"或在笔记列表中右键笔记选择"高级"→"发布到博客"就行了，如图8-26所示。

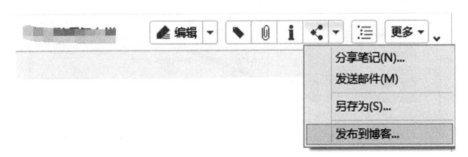

图 8-26

7. 恢复为知笔记历史版本

团队成员看到的总是资料的最新版本，每篇笔记均保留了20个历史版本，如笔记被误删，群组中的超级成员或管理员，可将笔记恢复到以前的历史版本。具体操作步骤是：

（1）在为知笔记界面中间部分的笔记列表中点击右键，选择"历史版本"。

（2）弹出"笔记历史"对话框，左边为修改时间和修改者，选择某个需要查看的时间，则右边出现该时间的版本情况。点击右下角的"对比"按钮，窗口出现最新版本与选定时间的两个版本左右排列进行对照，与最新版本不同的地方用彩色标注出来。根据需要可以选择"恢复"或者"关闭"。如图8-27所示。

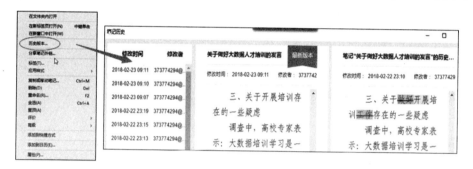

图 8-27

8. 恢复已删除的笔记或附件

有时误删了文件需要恢复，可以这么操作：点击为知笔记左上角的用户名或者头像→"维护"→"恢复已删除笔记"，弹出"恢复笔记"对话框，包括"笔记删除恢复"和"附件删除恢复"两个选项，选择需要恢复的笔记或者附件，点击"恢复"即可恢复误删的笔记或者附件。如图8-28所示。

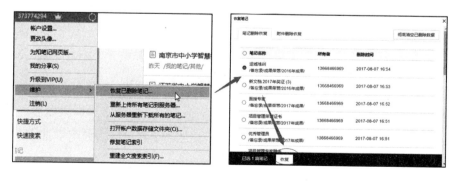

图 8-28

8.4 Onenote 随意记笔记

〔**应用场景**〕

我们用其他软件做笔记的时候，排版布局总有一种受束缚的感觉。能不能像我们用纸质笔记本记录笔记一样自由自在？比如把一张记录纸任意划分为几个区域，记笔记的时候可以在上面任何地方信手涂鸦，甚至可以一边做文字记录一边录音，还可以在任意位置插入音频视频和图片等资源。Onenote可以轻松实现你的这一切想法。

〔**软件版本**〕

Onenote

〔**案例分享**〕

1. 新建笔记本

第一次登录 Onenote，要求注册一个 Onenote 账号，登录后新建一个笔记本。Onenote 就像纸质的笔记本，新建一个笔记本，给笔记本起一个名称比如"继续教育"，点击"创建笔记本"，笔记本名称反映了这个笔记本的用途。如图8-29所示。

2. 新建分区

新建笔记本后就自动添加了一个新分区，分区就像一本书的章和节，它跟用纸质笔记本记录笔记的思路和方法是差不多的。双击它可以重命名，比如"上级来文"，点击刚才右边的"+"可以添加一个新分区。如图8-30所示。

3. 随心所欲做笔记

Onenote 记笔记不像 Word 这些软件需要一行一行地从上往下输入内容，

Onenote 最大的优势是你可以在页面任意位置插入录音录像、插入文本、插入附件等资料并编辑，而且页面可以无限延长，就像你拿笔在一张纸中的任何地方记录，而且不必担心纸张页面不够无法在原有基础上补充和注释，布局随心所欲更加灵活。其所有的操作不用点击保存，系统会自动保存。

图 8-29

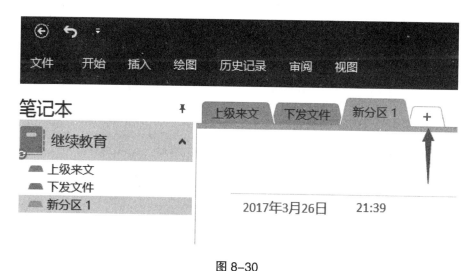

图 8-30

4. 边录音边记笔记

在很多重要会议场合，我们需要录音和整理领导讲话材料，这在以前来说是一件很痛苦的事情。有了 Onenote，我们可以一举两得，在录音的同时就可以同步整理文字稿件了。打开 Onenote 的"会议记录"分区，单击需要插入录音的页面位置，点击插入录音，这时就开始录音了。如图8-31所示。在电脑上插上麦克风，点击讯飞输入法的麦克风，领导的讲话就会同步变成文字输入在页面上了。当然，识别率的高低跟讲话人的语音标准程度和周围环境有关。

图 8-31

插入录音和文字的笔记效果如图8-32所示。

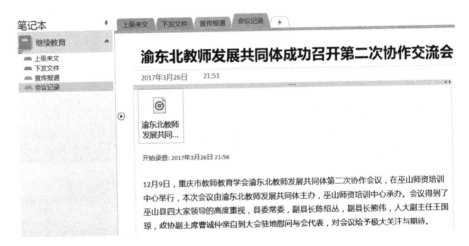

图 8-32

第9章 移动教学平台大集合

移动互联网时代，教学的时空发生着巨大的变化，教师不再受制于三尺讲台，课堂也不再拘泥于方形的教室，学习随时随地都可以发生。面对瞬息万变的世界，教师应该主动革新自己的教学行为，适应学生学习方式的转变，推进信息技术与教学的深度融合，提高教育教学质量。

本章精要：

◆手机投屏　　◆文件上传

◆拍照上传　　◆课件演示

◆推送课件　　◆推送习题

◆展示图片　　◆实物投影

◆问卷　　　　◆签到

◆提问　　　　◆讨论

◆抽奖　　　　◆游戏

9.1 一键投影无线投屏

〔**应用场景**〕

可以说智能手机就是一部微型电脑，也是一个移动办公、教学的好工具。我们在面对观众做报告、培训、教学的时候，难道我们始终离不开笨重的电脑吗？播放 PPT 老是离不开一大堆 Vga、电源线、网络线的束缚吗？自己在手机上操作 APP 怎样展示给观众看呢？一键投影可以让你轻松摆脱这些烦恼，让你一机（手机）走天下。

〔**软件版本**〕

一键投影 V4.1.1.2134

〔**特色功能**〕

无线传屏：采用无线 Wi-Fi 传输屏幕画面，告别 Vga 线 、Hdmi 线信号传输，仅安装软件，可解决你所有的投影问题。

双向投影：设备与设备之间的屏幕画面可以双向传输，既可以当作投影的发送端、也可以当作投影的接收端，发送与接收的转换只需要一键操作，便捷高效。

〔**案例分享**〕

1. 安装软件

登录一键投影官网 Http://www.airlink360.com/，在电脑端和手机端分别下载安装一键投影相应的软件。

2. 注册账号

使用本人的手机号码注册，将手机和电脑置于同一 Wi-Fi 网络环境。双击电脑客户端，需要输入手机号和验证码，进行登录。如图9-1所示。

图 9-1

3. 连接手机和电脑

登录成功后，手机上显示已经发现的电脑设备，点击右边的播放按钮，即可将手机和电脑连接起来。如图9-2所示。

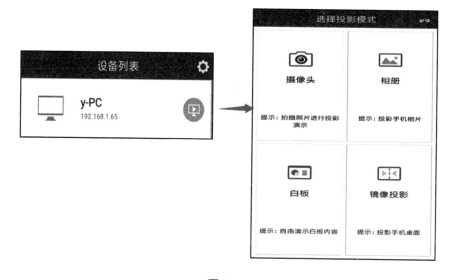

图 9-2

4. 投影操作

手机屏幕出现四种投影模式选项。"摄像头"模式可以拍摄照片进行投影演示和在上面书写，"相册"模式可以投影手机相册照片和在上面书写，"白板"模式可以自由演示白板书写内容，"镜像投影"模式可以投影手机桌面及在手机上的所有操作。如图9-2所示。

选择一种投影模式如"镜像投影"，点击手机 Home 键回到手机桌面，所有的操作就实时投影到电脑屏幕上了，对演示手机 APP 操作或者播放手机里面 PPT 非常方便。

〔**技巧点拨**〕

◆点击双向箭头可以一键切换发送端和接收端，实现双向投影效果，也就是不但手机端的操作可以投影到电脑端，电脑端的操作也可以投影到手机上观看。

◆摄像头、相册、白板投影模式需要手机 Root 权限。

◆手机投影到电脑桌面的画面可以通过滚动鼠标滚轮调整大小，也可以移动在显示器上的位置。

◆需要将电脑端和手机端同时置于同一 Wi-Fi 环境下才能正常使用。

9.2 希沃教学授课助手

〔应用场景〕

在信息化教学环境里，教室里的电脑或者电子白板几乎成了标配，但是使用这些设备，教师往往又感觉到操作上会受到束缚，一旦离开讲台又不能操控电脑或者电子白板，固定坐在讲台又不能很好地了解下面学生的情况或者进行个别辅导。希沃授课助手已经帮我们很好地解决了这一问题，它能远程播放和控制 PPT 演示文稿，能远程操控电脑，摆脱鼠标的控制，有远程书写圈点、电子白板、聚光灯等丰富的教学工具。

〔软件版本〕

希沃授课助手3.0

〔案例分享〕

利用希沃授课助手从容应对所有教学活动。

1. 安装软件

登录希沃助手官网 Http://www.seewo.com，下载安装电脑端和手机端软件。将手机和电脑处于同一 Wi-Fi 环境下。

2. 连接 APP

打开电脑端软件，弹出提示下载安装移动端 APP 的提示，点击下一步，设置电脑名和连接密码，直到设置完毕，弹出连接的二维码。如图9-3所示。

打开手机端 APP，扫描电脑端二维码，输入前面设置的连接密码。连接成功后，手机屏幕显示拍照上传、课件演示、屏幕同步、文件上传、触摸板等功能模块。如图9-4所示。

图 9-3

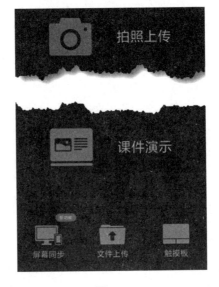

图 9-4

3. 屏幕同步

选择"电脑桌面同步"可以将电脑桌面投影到手机，可以在手机上远程操作计算机，而且当手机上选择了书写笔工具后，既可以用手指在手机屏幕上书写，也可以在电脑上用鼠标书写，效果是一样的，手机和电脑同步显示相同内容；也可以选择手机"屏幕同步"将手机屏幕投影到电脑桌面。

4. 文件上传

可以选择将手机里面的图片、视频、音频、文档等文件上传到电脑上使用。点击"文件上传",在"视频"里面选择一个视频文件,点击"上传",上传完毕后点击"打开",电脑上开始播放刚才上传的文件。打开电脑端授课助手的文件夹可以看到上传的文件,方便下次打开。如图9-5所示。

图 9-5

5. 触摸板

手机屏幕变触摸板,滑动手指可灵活控制电脑操作,操纵方法跟笔记本电脑的触摸板相似,具有左键、右键功能,双指滑动可以实现翻页功能。

6. 拍照上传

可以拍摄学生的作业或操作画面上传电脑,可以用手指勾画圈点,进行讲评。

7. 课件演示

当电脑端打开了希沃白板,点击"播放白板"就可以控制白板播放;也可以切换到播放 PPT/Wps 演示、播放控制电脑端的 PPT/Wps 演示文稿。

〔技巧点拨〕

◆将手机和电脑处于同一 Wi-Fi 环境下才能正常使用。

◆如果办公地点没有 Wi-Fi 环境,可以启动电脑端的热点,同样可以使手机和电脑置于同一 Wi-Fi 环境下使用希沃助手。

9.3UMU 互动学习平台

〔应用场景〕

我们在培训活动或其他教育教学活动中，时常组织学员或学生进行头脑风暴式的交流。交流中的个人观点要么写在纸上，要么独立发言，所有个体的观点像一盘散沙，且不能及时呈现。当下的 UMU 平台有效解决了这些问题，参与问题研讨成员通过信息终端设备扫描二维码能快速进入讨论平台，发表个人看法，平台会自动统计汇总，及时显示学习团队研讨成果。

UMU 提供了丰富的互动与移动学习方式，激发相互分享、促进交流互动。通过 UMU 我们可以创建活动或者课程，通过多种形式邀请身边的人一起加入，同时呈现互动结果与学习过程。在活动中，UMU 提供了丰富的互动形式，还支持签到、问卷调研、投票调研、提问与讨论、考试、拍照上墙、游戏与考试多种互动方式。在课程中，借助 UMU 还能快速制作出图片＋语音微课，同时支持视频微课与现场直播。

〔软件版本〕

UMU 互动学习平台

〔案例分享〕

1. 注册加入 UMU 教育计划

目前 UMU 教育支持计划聚焦服务于公立学校的老师和工作人员，我们有以下几种方法加入 UMU 教育计划。

方法1：邮箱自助升级

如果我们拥有 Edu 结尾的工作邮箱，就可以通过验证邮箱自动升级，并向我们提供免费产品及服务。

（1）点击首页最上方菜单栏中的"会员升级"，在会员升级界面点击的"立即免费加入"，如图9-6所示。

UMU教育版功能

图9-6

（2）填写 Edu 邮箱和您所在公立教育机构的名称，您会收到一封激活邮件，邀请您进行 Edu 邮箱验证，如图9-7。

请输入您的.edu 后掇邮箱，我们将向您的邮中送一封带链接的

确认邮件,请及时查看。

请输入您的.edu 后掇邮箱

请输入教育机构名称

图9-7

方法2：UMU 协助升级

对于没有 Edu 结尾的邮箱的老师，平台提供协助升级的方式。根据说明提交相关资料，同时加入 UMU 的在线 QQ 服务群558534745，UMU 团队会随时提供专业的服务。

（1）提交升级信息，打开微信扫描二维码，完成问卷填写。

（2）提供教师资格证明，打开微信扫描二维码，上传申请人的教师资格证明照片。在照片的描述位置，填写"姓名 +UMU 账号（电子邮箱）"以便平台核对身份信息。

方法3：邀请他人加入

教育关乎民族的未来，以科技力量推动教育进步，便能铸造美好未来。越多老师使用 UMU，就越能共同推动教育事业的升级，用户可以通过不断邀请老师加入 UMU 来获得视频课程上传及直播功能，体验基于教学场景设计的高清直播及视频播放功能。

用户可以在 UMU APP 的个人中心频道中看到"邀请好友注册"的功能。点击邀请注册，把邀请页面通过微信、Url 或者二维码分享给其他老师，或者放到老师集中的微信群里面。并在邀请时告知对方注册 UMU 后尽快完成身份验证，一起升级 UMU 账号权限。

2. 利用 UMU 平台创建课程

（1）登录 UMU 官网 http：//www.umu.cn，用注册的账号和密码登录。

（2）在页面的上方导航栏中，点击"我的课程"，点击右边橙色加号"+创建课程"，创建一个新的课程，如图9-8所示。

图 9-8

（3）填写活动信息。输入课程名称，比如"时间管理沙龙""云阳县初中历史教师培训论坛"，点击下一步。课程标签是课程内容的关键词，我们可以使用课程标签创建学习频道，将同一主题或话题相关的课程聚合在一起组成学习频道。如图9-10所示。

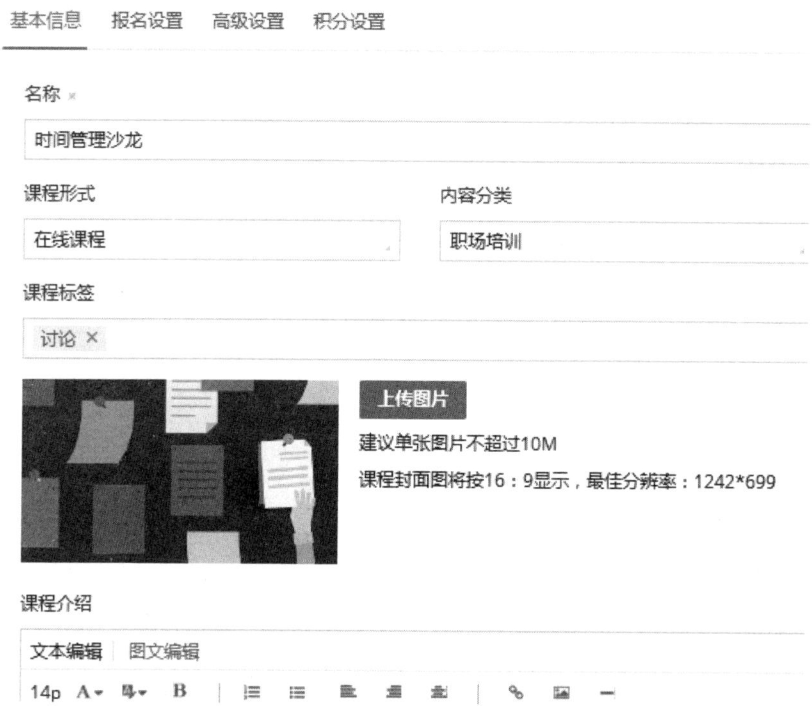

基本信息　报名设置　高级设置　积分设置

名称 ×

时间管理沙龙

课程形式

在线课程

内容分类

职场培训

课程标签

讨论 ×

上传图片

建议单张图片不超过10M

课程封面图将按16：9显示，最佳分辨率：1242*699

课程介绍

文本编辑　图文编辑

14p　A▾　A▾　B　｜　☰　☰　｜　☰　☰　☰　｜　🔗　🖼　—

图 9-10

（4）弹出"进入学习群"界面，点击"添加课程小节"或者"立即添加"，如图9-9所示。

返回　时间管理沙龙　协同：0　　　　＋ 添加课程小节　　发布　更多

→ 进入学习群

☰ 课程目录

⚙ 课程设置

👥 学员管理

暂无课程小节

立即添加

查看帮助

图 9-9

（5）添加课程内容。UMU 既可以在网页端添加课程，也可以通过手机

APP添加课程。如图9-11所示,可供选择的课程内容有六个选项,前三个可以选择在网页端添加文章、文档、视频;后三个选项为通过手机APP添加微课、直播、图文。

图 9-11

这里以添加文章为例:点击"添加文章",输入文章名称和内容,设置是否必修、积分、标签,插入一张图片作为插图,点击"完成"。如图9-12所示。

〔**技巧点拨**〕

添加课程内容里面的"添加文章"和"添加文档"看上去有些让人摸不着头脑,二者的区别是:

"添加文章"支持在线编辑与实时保存文字内容,可以添加图片到文章当中去，可以设置丰富的文字和段落格式。"添加文档"功能用于直接添加事先编辑好的 Word、PPT、Excel、PDF 等十六种格式的主流文档。

图 9-12

1. 添加互动环节

UMU 支持多种互动方式，包括问卷、签到、提问、讨论、拍照、考试、作业、抽奖、游戏等形式，如图 9-11 所示。下面以问卷为例，来看看怎样在现场发起问卷快速调研。

（1）添加问卷。如图 9-11 所示，点击"添加问卷"。

（2）编辑问卷。在弹出的窗口中输入问卷标题，选择题型如"单选题"，在 Q1 的位置输入问题如"你是否读过时间管理相关书籍？"在下方的输入框填写选项如"读过""没有"。点击页面右上方的"完成"，刚刚创建的问卷就被保存下来了。如果需要添加多个问题，可以点击"添加问题"，也可以点击"批量输入问题"，按照规定的格式批量输入问题，点击完成。如图 9-13 所示。

问卷编辑　问卷设置

| 标题× | 批量添加问题 |

学员基本信息

Q1.　请输入问题　　　　　　　　　　　　🖾　移动　复制　删除

◉ 单选题　　○ 多选题　　○ 开放式　　○ 数值型 ⑦

A.　点击创建选项，回车自动创建下一个选项　　　🖾　＋　－

∨　高级设置　必填　智能排序

＋ 添加问题　　＋ 添加段落说明　｜批量添加问题

图 9-13

〔技巧点拨〕

◆目前 UMU 平台支持的问卷类型有单选题、多选题、开放式、数值型四种类型。

◆答题选项的输入不需要写出编号，UMU 会自动补充添加顺序编号。

1. 发布与分享课程

（1）通过网页端发布课程。在网页端添加完所有课程内容或互动环节后，回到"我的课程"，刚才建立的课程位于最上方，如图9-14所示。点击"发布"发布课程，当前课程将在 UMU 上被公开展示和推荐，其他人也可以通过课程搜索，找到并学习这门课程。如果课程优秀，还将被推荐至 UMU 首页或优秀课程排行榜，供更多人学习。课程发布后仍可以编辑和修改，发布的课程会同步更新。未发布的课程同样可以编辑和分享，此时课程由您分享给指定的参与者，UMU 不会进行推荐，其他用户也不会在 UMU 搜索到您的课程。您可以随时发布课程。

（2）通过网页端分享课程。点击图9-14中的"分享"按钮，有两种分享课程的方式：一是复制链接，通过链接分享。您也可以登入微信公众号后台，在自定义菜单上添加链接，引导粉丝点击进入。二是保存二维码图片，将二维码粘贴到课程海报、PPT 内页、课程教材、微信文章底部等场景分享。当然也可以让学员现场扫描二维码分享。

图 9-14

图 9-15

（3）用手机 APP 邀请学员分享课程。APP 点击学习群页面右上角的分享按钮，可以将该课程学习群通过微信、朋友圈、QQ 等方式邀请更多学员进入学习群学习。如图 9-16 所示。

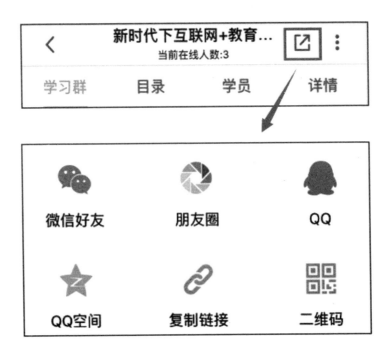

图 9-16

2.利用学习群开展教学活动

当课程创建完毕后，教师可以利用学习群开展教学。学习群支持不限人数的群内教学；教师相对于学员有更多权限做学习管理；群内学习过程与对话永久保存，学员任何时刻进入学习群均可浏览所有内容；点赞多的精彩发言会被自动标记。学习群不需要单独创建，创建任意课程 UMU 均会自动配置相应的学习群。

（1）教师活动

在手机上下载安装 UMU APP，双击打开 APP，点击"课程"

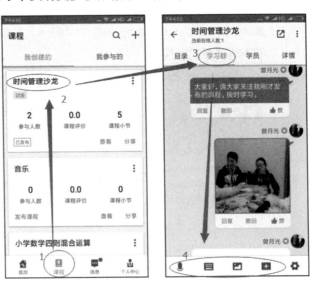

图 9-17

就能看到自己建立的课程了，点击进入需要教学的课程，点击"学习群"就进入了学习群的界面了。您可以使用语音直播、文字或图片进行不限人数的群内教学，教学过程永久保存，学员可以随时查看，反复学习。如图9-17所示。

1. 录制发送语音。在学习群页面，选择页面下方的话筒标示，点击红色按钮即可开始录音。点击"录音中"即可暂时保存语音，点击页面右侧"三角按键"，可以进行试听，听过后选择"取消"或者"发送"。每段语音最长5分钟，点击"发送"可以随时将语音发送到群内。如图9-18所示。

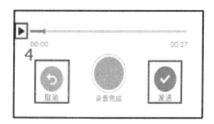

图 9-18

2. 发送文字与表情。选择学习群页面下方键盘标示，即可输入文字发送到学习群中，同时 UMU 绘制了丰富的学习表情供老师使用，跟 QQ、微信聊天方法相同。

3. 发送视频和图片。选择学习群页面下方图片标示，即可根据情况进行选择。拍摄照片：调用手机摄像头拍摄照并发送；拍摄视频：调用手机摄像头拍摄视频并发送；手机相册：选择手机中视频与图片发送到群中。如图9-19所示（安卓系统分为手机相册与本地视频两个按键）。

4. 发送已有课程环节与其他课程。选择学习群页面下方的加号，点击"已有环节"，如图9-20所示。在选择课程页面可以发送"当前课程环节"与"我的其他课程"，供教师根据需要选择。如果需要发送当前课程中的所有小节，可以点击"发送所有小节"。

图 9-19

图 9-20

5. 创建新的课程环节并发送。选择学习群页面下方的加号,根据需要点击创建新的课程环节如新建签到、提问、微课、视频等。在新建环节完成后会直接发送到学习群,同时更新在课程目录中。

6. 管理发言。教师选择学习群页面下方的齿轮,可以进行学员发言的相关设置,如是否允许发送语音、图片、表情、文字、视频等,如图9-21所示。同时教师在学习群内可以屏蔽学员的发言、撤回自己的发言,可以使用文字或语音回复学员的发言,为学员的发言点赞。如图9-22所示。

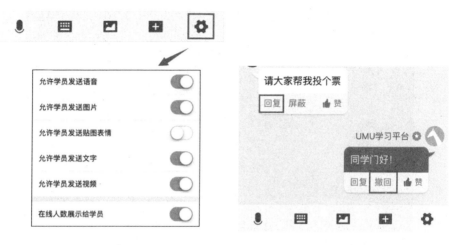

图 9-21   图 9-22

7. 与学员现场大屏幕互动

①打开网页端"我的课程"找到需要大屏幕互动的课程，点击右边的"演示"按钮，如图9-23。

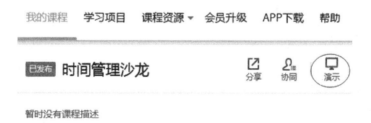

图 9-23

②在弹出的窗口中，点击"大屏幕"，如图9-24。

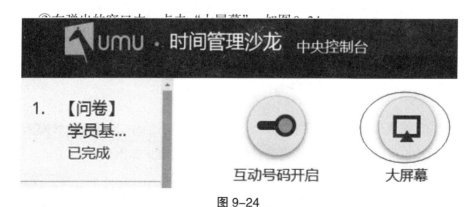

图 9-24

③点击"立即开始互动"，点击左上角 Logo 可以实现全屏，如图9-25。

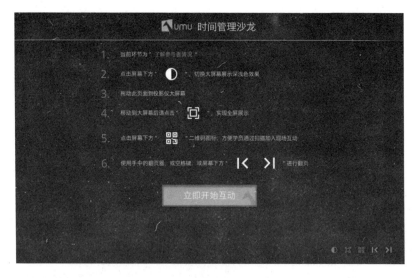

图 9-25

④点击页面右下角第三个按键，可以调出二维码。现场观众可以通过微信、QQ 或者 UMU APP 扫描二维码参与互动，如图9-26。

图 9-26

⑤点击大屏幕右下角靠右第一个"下一页"按钮，立即动态呈现提交情况。此步也可以通过翻页笔或者键盘的方向键来实现，如图9-27。

⑥待全部提交后，继续点击大屏幕右下角靠右第一个"下一页"按钮，大屏幕会展示观众提交的具体结果，单选题会呈现每个选项的选择人数与所占比重，如图9-28。

图 9-27

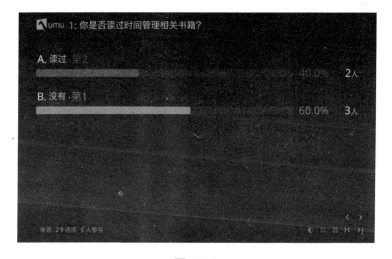

图 9-28

⑦获取后台数据。教师可以获取观众参与的所有互动信息，在"我的课程"右边点击"更多"→"导出 Word"，每位参与者具体的回答与输入内容都了如指掌了。

（2）学员操作

在 UMU 学习群中，学员可以通过手机 APP、微信、手机浏览器、电脑网页参与到学习群中，可以以文字、图片（表情）、语音、视频的方式彼此分享学习心得、向老师提问，其中发送语音与视频需要使用手机 APP 来实现操作。发送文字、图片（表情）、语音、视频的方法跟上面介绍的方法大同小异，这里不赘述。

查看视图：使用微信、手机浏览器、电脑网页进入学习群时，在页面的左上角可以选择回到课程详情、金句联播、只看讲师、到最顶部或底部几种视图。其中，课程详情指包含课程目录与介绍的页面；金句联播指仅查看点赞数大于等于8的发言。如图9-30所示。

在 APP 中学员可以按照自己的选择进入学习群、课程目录、学员详情、课程介绍，切换自如。如图9-31所示。

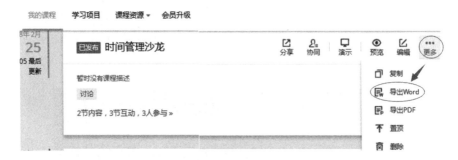

图 9-29

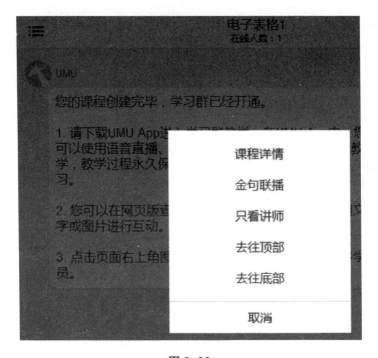

图 9-30

图 9-31

〔技巧点拨〕

1. 建议用 Chrome 浏览器。因为 UMU 使用的前端开发技术依赖于 Webkit 内核，所有支持 Webkit 内核的浏览器都可以完美地呈现 UMU 产品效果，故强烈建议安装使用 Chrome 浏览器（谷歌浏览器）。

2. 建议下载使用 UMU APP。教师可以随时随地录制微课、发起互动与直播，让创作随身携带、让分享随手实现；学员参与互动更方便。

9.4 小蚂蚁移动教学平台

〔应用场景〕

信息技术的飞速发展对传统教育发起了严峻的挑战，如何实现跨地域的实时互动教学？如何实现在网上互动交流学习，让我们学习的伙伴遍布全球，促进师生对其他地方文化的了解，提升教师专业水平，扩展学生的视野。如何让我们的备课资源上传到云端供我们随时随地调取？我们能否将自己精心准备的公开课或者参加的某项活动场景直播出去，分享给更多的人群？

这在以前是难以想象的，有了"小蚂蚁移动教学平台"，可以轻而易举地实现你的所有想法。由西安恒坐标教育科技集团和中国教育技术协会联合推出的"小蚂蚁云课堂教学项目"，旨在推进中小学进行云课堂移动教学，功能十分强大，让你的教学生涯大数据永久云端保存，随时调取，而且是免费的，值得教师拥有。

〔软件版本〕

小蚂蚁移动教学平台

〔案例分享〕

1. 利用小蚂蚁移动教学平台备课

（1）安装小蚂蚁移动教学平台。电脑登录官网 http://www.maaee.com，点击"下载"，教师、学生分别扫描相应的二维码，下载安装电脑端软件和手机 APP。

（2）教师登录。点击"用户登录"，用注册的账户名和密码登录或者用 APP 扫描二维码登录。

（3）添加备课计划。点击教学空间图标→"备课计划"→"添加备课计

划"，在弹出的窗口中输入备课计划的名称如"14班→认识电子表格"，点击
"确定"，如图9-32所示。

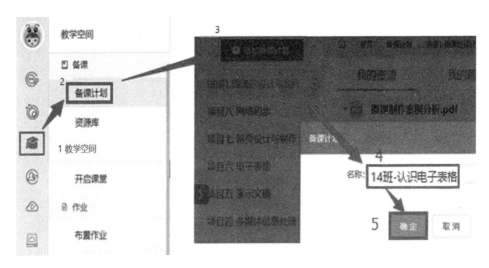

图 9-32

（4）添加备课资源

①点击教学空间图标，点击"资源库"，在弹出的窗口中点击"管理知识
点"。如图9-33所示。

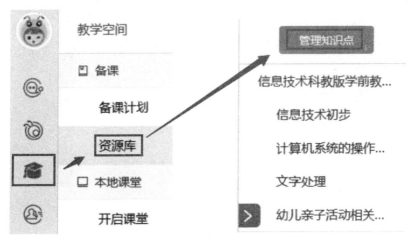

图 9-33

②在"管理知识点"窗口中选择学科如"信息技术"，选择教材版本如"科
教版初中全册"，点击"确定"。如图9-34所示。

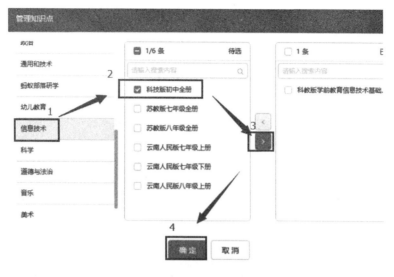

图 9-34

③上传课件或习题。绑定教材版本后，其章节目录已经由系统预先录入，可以在每个章节下添加课件或者习题等备课资源。其步骤是：点击"管理知识点"，选择自己教材版本的相关章节如"文字处理"→"添加课件"，弹出"上传课件"窗口，将课件拖入窗口完成添加。如图 9-35 所示。

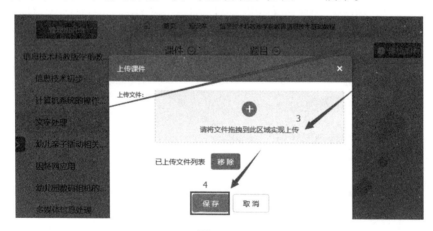

图 9-35

2. 利用小蚂蚁移动教学平台上课

（1）手机端登录小蚂蚁 APP，点击"课堂"→"开启课堂"，选择所教班级，如图 9-36 所示。打开电脑谷歌浏览器输入网址：www.maaee.com，点击电子白板登录，教师即可利用 APP 电脑上课。

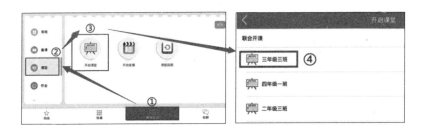

图 9-36

推送课件。点击小蚂蚁 APP 下边栏的"教案"→"课件"，选择相应课件，点击上边栏的"推屏"，即可演示课件，如图9-37所示。

图 9-37

推送题目。点击 APP 上边栏的"推题"，弹出出题界面，可以现场出题推送，也可点击下面的"系统题库"选择题库中的题目，点击"推送"即可将题目推送给学生。学生答题后，可以点击"本节统计"查看学生答题情况，以便教师选择性地点评作业。如图9-38所示。

师生互动。教师点击 APP 下边栏的"互动"，可以发送消息，点击"收

图 9-38

图"可以接收学生发送的图片。如图9-39所示。

图9-39   图9-40

（5）展示图片或实物。点击APP下边栏的"展示"，可以展示本地相册，也可将手机作为"实物展台"使用。如图9-40所示。

（6）更多功能。点击APP右下角的"更多"，出现更多功能界面，可以扫描二维码实现弹幕互动，可以评价学生表现，可以问卷调查，可以回顾课堂情况，可以对学生考勤，可以对学生分组，可以实现联合开课等功能。如图9-41所示。

3. 利用小蚂蚁移动教学平台直播课堂教学

（1）打开小蚂蚁移动教学平台APP，点击下边栏的"教学空间"→"课堂"→"开启直播"。

（2）根据实际需要选择"摄像头直播"或者"录屏直播"。选择"摄像头直播"就会开启摄像头录制会场活动

图9-41

及讲者的语言；选择"录屏直播"不会开启摄像头，但会自动录下屏幕上的所有操作以及讲者的语言。

（3）输入直播主题，设置封面图片，选择公开或者加密，点击"开始直播"，弹出上课的窗口，教师可以选择推送课件、题目或者图片等方式上课。如图9-42所示。

图 9-42

（4）回看直播录像。点击小蚂蚁 APP 右下角的"个人中心"，点击"我的直播课"，就可回看直播录像了。如图9-43所示。

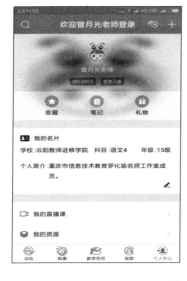

图 9-43

（5）下载直播视频。登录小蚂蚁移动教学平台的电脑端，点击左上角的"个人中心"图标，选择"我的直播课"，可以选择观看直播过的视频录像，点击"下载"图标按钮，就可以将视频下载到本地电脑了。如图9-44所示。

图9-44

9.5 雨课堂智慧教学平台

〔**应用场景**〕

"雨课堂"是由学堂在线与清华大学在线教育办公室共同研发的演示文稿插件，旨在连接师生的智能终端，最大限度地释放教与学的能量，推动教育教学改革。"雨课堂"基于微信和演示文稿 Powerpoint（或 WPS）开发的，使用"雨课堂"，教师可以将带有 Mooc 视频、习题、语音的课前预习课件推送到学生手机，师生沟通及时反馈；课堂上实时答题、弹幕互动，为传统课堂教学师生互动提供了完美解决方案。"雨课堂"科学地覆盖了课前→课上→课后的每一个教学环节，为师生提供完整立体的数据支持，个性化报表、自动任务提醒，让教与学更明了。可以说，"雨课堂"的出现，让更多教师跑步进入了"智慧教学时代"，让教学从"经验驱动"变成"数据驱动"，是新时代教师不可多得的一款免费的智慧教学平台。

〔**软件版本**〕

雨课堂2.1

〔**案例分享**〕

1. 安装雨课堂

（1）下载安装包。访问 http://ykt.io/download，可以选择在线安装和离线安装两种安装方式，选择一种方式下载最新版的雨课堂。

（2）下载完毕后，在安装包上点击右键选择使用管理员身份运行，根据安装向导指示操作。安装成功后直接打开 PPT，菜单栏上会出现了一个"雨课堂"的菜单。如图9-45所示。

图 9-45

2. 利用雨课堂授课

（1）登录雨课堂。打开课前制作好的PPT，选择"雨课堂"菜单，点击"微信扫一扫"，扫码后微信出现验证码，在电脑端输入验证码后即可登录，这时工具栏左侧显示本人设置的头像。

（2）点击"开启雨课堂授课"，在弹出的窗口中设置课程名称、班级、标题后点击"开启雨课堂"。如图9-46所示。

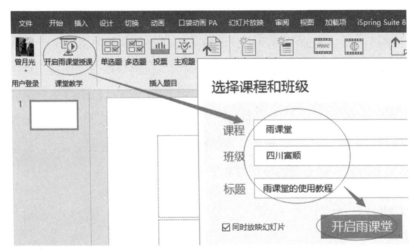

图 9-46

图 9-47

（3）弹出二维码，等学生用微信扫描后，教师点击"开始上课"，如图9-47所示。

教师手机同步出现提示信息，也可从手机点击进入课堂，再点击"开始上课"，教师手机就成了遥控器，同样可以掌控课堂。如图9-48所示。

开始上课后，在教师原有PPT不做任何更改的情况下，可以直接实现扫码签到、弹幕互动、随机点名、PPT同步到学生手机的功能。

3. 制作课外学习课件

在"课外资料制作"工具栏可以新建手机课件，这种模式自动选择竖式版式，方便学生在手机端阅读，适用于学生课前预习或者课后复习巩固等，所以称作"课外学习课件"。如图9-49所示。

图 9-48

图 9-49

（1）点击"新建手机课件"，接下来按个人需求制作预习PPT，操作方法与平时使用PPT一致。现阶段，雨课堂可以实现在PPT内插入单选题、多选题、投票、视频、语音以及发送外部链接。

（2）插入题目。雨课堂支持插入单选、多选和投票题。以插入单选题为例：选择雨课堂，点击"插入题目"，选择单选，设置题干、答案选项、分值和正确答案即可。如图9-50所示。

（3）插入视频。雨课堂支持插入学堂在线所有慕课视频，以及来自腾讯、优酷等主流视频网站的网络视频。如插入网络视频，在地址栏粘贴视频播放页地址即可。如图9-51所示。

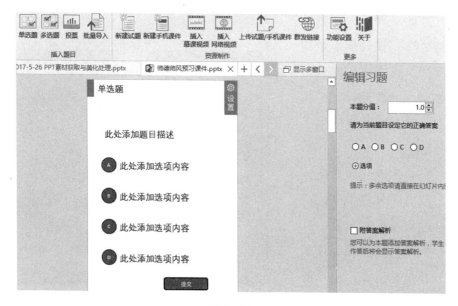

图 9-50

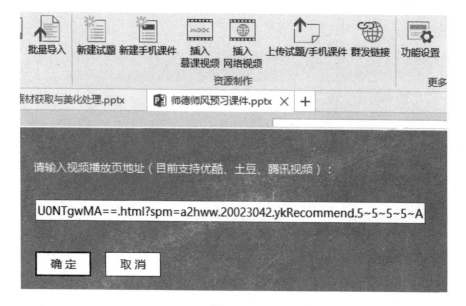

图 9-51

（4）完成 PPT 的制作后，点击"上传试题/手机课件"按钮，则自动上传云端保存，供以后上课调用。同时，教师的雨课堂微信端会收到上传完毕的提示，点击可以预览刚制作的课件。

（5）插入语音。教师可以在手机微信雨课堂公众号中找到自己上过的课程、上传过的课件。如图9-52所示。点击公众号左下角"我的"→"课件库"，单击需要添加录音的课件，"按住说话"可以给当前页添加讲解语音，向上滑动手机屏幕切换到下一页同样添加语音，直到全部添加完毕，所有录音会自动保存，学生观看时会实时出现老师录制的语音。如图9-52所示。

（6）发布课件。课件制作完毕后就可以将课件发布到班级。点击"发布"，在出现的界面中设置发布名称，选择发布班级、发布时间等，设置完毕后点击"发布"即可发布到相应班级，学生手机端会收到课件，同时教师微信会在教学日志里留下相应的记录。如图9-52所示。

图 9-52

4. 制作试卷

方法一：常规方法制作，如图9-53所示。

（1）在"课外资料制作"工具栏点击"新建试卷"，这时自动选择竖式版式。

（2）在第一个空白页设置试卷名称如"计算机基础知识"。

（3）回车添加第二页，在"插入题目"工具栏选择题目类型如"多选题"，插入模板。

（4）修改模板内容，输入题干和答案选项。

（5）设置分值、判分规则、正确答案以及答案解析等选项。

（6）重复以上步骤编辑完毕所有题目后，点击"上传试题/手机课件"，则试卷自动上传云端，教师微信端"我的试卷库"可随时调取、发布到班级。

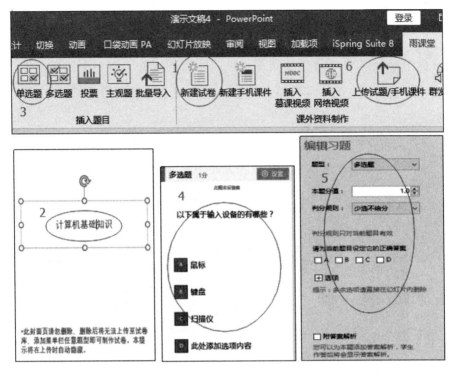

图 9-53

方法二：批量导入，如图9-54所示。

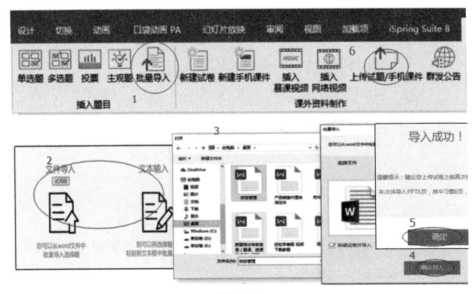

图 9-54

（1）选择"插入题目"工具栏的"批量导入"按钮。

（2）在弹出的窗口中可以选择"文件导入"和"文本输入"两种方式。这里选择"文本输入"方式。

（3）选择事先录入好试题的 Word 文档，确认导入，出现导入成功提示后，点击"确定"。

（4）点击"上传试题/手机课件"，则试卷自动上传云端，教师可以在课堂授课时从微信端"我的试卷库"发布到班级，进行随堂考试。试卷同步和发送方法，与课下推送课件方法一样。

5. 查看教学统计数据

（1）查看作业情况。发布作业后，教师可以在微信端查看学生完成情况，包括提交人数、正确率、分数段等详细情况，教师可以根据学生作业统计，有的放矢，大大提高教学效率。如图 9-55 所示。

图 9-55

（2）查看课堂小结情况。教师结束雨课堂授课以后，微信端自动统计课后小结。教师可以看到学生到位情况、作业情况、教学内容、学生留言等情况，教师还可以回复学生留言。如图 9-56 所示。

图 9-56

〔**技巧点拨**〕

◆课外学习课件推送8~12页为最佳，如果PPT页数过多，效果可能欠佳。雨课堂默认需在每页PPT停留3秒才算学习了该页，教师可以善意提醒学生用心学习。

◆除了发送课外学习课件外，如果有补充资料，也可以向学生群发补充材料的链接。只需点击"群发功能"，按指示填写并发布即可。

9.6 101 教育 PPT 备课授课

〔**应用场景**〕

可以说今天的教师备课授课都很难离得开 PPT 了，但为了设计好一个实用美观的 PPT 要耗费掉老师很多的时间。如何让老师备课更轻松，授课更高效呢？"101 教育 PPT"就是一款专业服务老师，集备课授课于一体的教学软件。它有海量的教学资源，提供从学前到终身教育所需的各种优质教学资源，包含课件、教案、电子教材、多媒体、习题、学科工具、3D、Vr 等，各种各样的备课素材，信手拈来。它有实用的学科工具，能辅助老师突破教学重难点，趣味习题模板可以直接修改应用，大大提高备课的效率。它能用手机 APP 控制课件播放，老师可走动教学；手机拍摄照片、视频上传，典型案例实时点评，加深学生对知识的理解。它能全面记录教学和学习数据，自动形成统计分析报告，辅助学校、区域的教务管理工作，加强家校沟通与合作。这样一款专门为教师而生的好产品，怎么不值得拥有呢？

〔**软件版本**〕

101 教育 PPT 2.1.0.17

〔**案例分享**〕

1. 安装电脑端和手机端

进入"101 教育 PPT"官网 Http://PPT.101.Com/，分别下载安装电脑端和手机端软件，注册账户。

2. **熟悉"101 教育 PPT"界面及功能**

双击打开电脑端 101 教育 PPT，你会发现"101 教育 PPT"其实调用的就

是我们平常用的 PPT，只是给它穿上了一件外套，扩展了一些功能而已。PPT
菜单栏上边多了一行菜单栏，有"插入""新建习题"等菜单。右边增加了一
个侧边栏，上面摆放了"章节选择"菜单，可以设置使用者的教学阶段，从
而获得相应的资源；"搜索"菜单，可以搜索需要的课件、习题、学科工具、
音视频等资源。如图 9-57 所示。

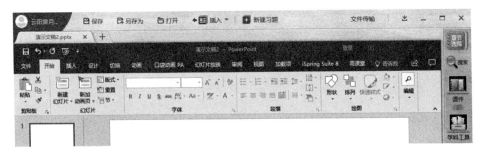

图 9-57

3. 用"101 教育 PPT"设计授课课件

（1）新建课件。双击打开电脑端"101 教育 PPT"，在弹出的窗口中选择
"新建课件"。

（2）选择任教章节。点击侧边栏的"章节选择"，在弹出的窗口中选择自
己任教的学段、教材版本、学科及具体章节。如图 9-58 所示。

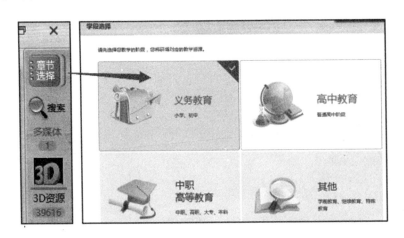

图 9-58

（3）搜索资源。资源内容包括"课件、学科工具、多媒体、3D 资源、基
础习题、趣味题型、PPT 主题、VR 资源"等，可直接预览和使用。点击侧边

栏的"搜索"按钮，在弹出的窗口搜索栏中输入自己需要的资源名称如"我是小学生"，则搜索出所有相关资源分类呈现出来。如图9-59所示。

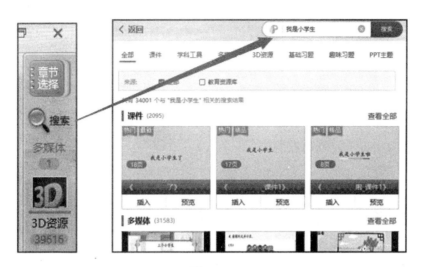

图 9-59

（4）插入资源。点击右边的相应资源可以预览效果，点击"插入"可以将选中的资源插入到PPT中去，接下来教师跟平常完全一样，可以直接修改或播放PPT。

（5）插入习题。丰富多样的习题模板是"101教育PPT"的一大亮点。点击"新建习题"，弹出"新建习题"对话框，包括语文题型、基础习题、趣味题型三大类型，每个类型都有丰富的具体题型样式。选择题型样式，根据设计向导可以轻松设计各种各样的习题插入到PPT课件当中。如图9-60所示。

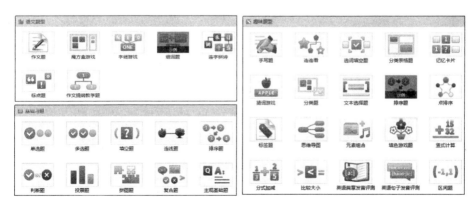

图 9-60

4. 用"101教育 PPT"授课

（1）登录。点击软件左上角"未登录"按钮，输入用户名和密码，或者选择 QQ、微信等登录方式登录，设置授课班级和个人信息。如图9-61所示。

图 9-61

（2）授课。打开设计好的 PPT，跟平常一样按 F5 键就能正常播放 PPT 授课。与平常播放 PPT 不同的是，桌面侧边栏隐藏有工具栏，单击可以调用丰富的教学工具。

（3）调用学科工具。点击侧边栏的"学科工具"，可以调用"生字卡""朗读工具""思维导图"等工具。如图9-62所示。

图 9-62

（4）互动工具。点击侧边栏的"互动工具"，分为"常用工具"包括：放大镜、黑板、聚光灯、计时器、花名册等工具，用于辅助教学；"课堂活动"

包括：随机组队、接龙活动、课堂总结、随机点名、团队竞赛等活动组织工具；"表扬鼓励"包括：课堂评价、气球、点赞、比心等工具，用于活跃课堂气氛；"师生互动"包括：推屏、截图发题、抢答、发送任务、学生工具等，增强智慧课堂师生教学互动效果。如图9-63所示。

图 9-63

5. 用手机掌控课堂教学

（1）连接手机和电脑。点击电脑端软件"文件传输"菜单，弹出建立连接的二维码。打开手机 APP，点击"扫描二维码"即可建立手机和电脑之间的连接。如图9-64所示。

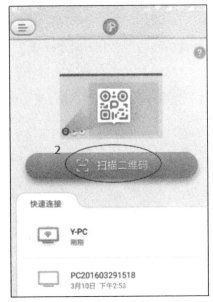

图 9-64

（2）手机操控。手机和电脑连接好后，可以在手机 APP 上点击开始放映、结束放映；可以调用丰富的"常用工具""学科工具""活动工具"，基本上涵盖常规教学的所有功能需求，让教师不再局限于"三尺讲台"，极大拓展教师上课的活动空间。如图9-65所示

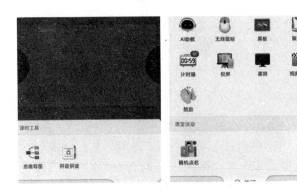

图 9-65

9.7 剥豆豆游戏教学平台

〔**应用场景**〕

小孩子天生爱玩游戏，如果能让学生在游戏中学习知识，学习会变得更有趣，课堂会更生动，学习再也不会枯燥，学生再也不抗拒作业。这就是剥豆豆游戏教学的初衷。课前，老师可用"剥豆豆"游戏检测学生上堂课的学习效果和这堂课的预习情况，作为老师当堂课的讲课节奏和强度的判断依据；上课时，老师可用"剥豆豆"进行课堂互动小检测，可以随时检测学生对某个知识点的吸收和理解程度，同时增加课堂的趣味性，让学生在游戏中学习；课后，可以用"剥豆豆"游戏巩固当堂课所学知识。

〔**软件版本**〕

剥豆豆

〔**案例分享**〕

利用剥豆豆开启游戏化教学

1. 注册

登录网址 Http://Get.Bodoudou.Com/，点网页右上角的注册按钮。输入手机号，点击发送验证码，你的手机将会收到6位的验证码。在验证码输入框中输入，并设置您的登录密码，点击注册。如图9-66所示。

图 9-66

2. 新建豆荚

（1）登录。用刚才注册的用户名和密码登录，点击主页右上角的"新建豆荚"。目前支持测验和调查两种类型的题型。在弹出的界面上选择"调查"，如图9-67所示。

图 9-67

（2）弹出界面提示输入豆荚名称，这里输入豆荚名称"信息素养调查"，点击"下一步"进入添加豆豆页面。如图9-68所示。

（3）添加豆豆。可以为该豆豆设置题干，添加图片。选项支持2~4个选项。添加完选项后，需设置正确答案。如果需要再加一个豆豆，点击添加豆豆。重复上面的操作，前面的内容会被自动保存。如果无须再添加一个豆豆，

图 9-68

点击"下一步"进入豆荚设置页面。可为该豆荚设置封面图片，添加标签便于筛选，设置"完成"后点击完成按钮，该豆荚被保存，就可以开剥啦。

3. 剥豆豆

（1）在我的豆荚园中有"我的创建"和"我的收藏"两个分类，可以从相应的分类中选择豆荚。这里选择"师德修养测试"，点击"开剥"，如图9-69所示。

弹出"剥豆豆"的界面，设置是否播放时开启音乐，是否自动开始下一题，是否随机出题，点击"开始答题"。

图 9-69

（2）答题方法

方法一：学生在浏览器输入网址 Http://Bodoudou. Com/，输入加入码，点击"进入"，弹出窗口提示输入答题者的昵称。学生输入昵称后，等待教师开始出题，学生即可在浏览器上答题。如图9-70所示。

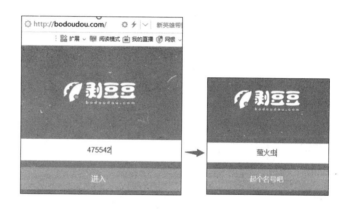

图 9-70

方法二：教师也可点击右上角的二维码图标，学生用手机扫描二维码在手机上答题。如图9-71所示。

4. 查看答题情况

点击"豆荚数据"，选择需要查看的相应豆荚名，点击"查看详情"。如图9-72所示。

图 9-71

图 9-72

在弹出的窗口中可以选择查看问题详情或者学员详情数据。如图9-73所示。

题序	选项一(人数)	选项二(人数)	选项三(人数)	选项四(人数)	正确率	答题平均时间
1	0	0	1 正确答案	0	100.0%	6.7s
2	0	1 正确答案	0	0	100.0%	4.1s
3	1 正确答案	0	0	0	100.0%	9.6s

图 9-73

9.8 麦学习智能学习系统

〔应用场景〕

新学期开始，老师们又要进入到备课、上课、听课、评课、批改作业的忙碌状态中。一款能帮助老师录入试题、导入试卷、布置作业、进行作业成绩分析统计的互联网工具"麦学习"横空出世。

学生使用微信（手机版或者 PC 版）完成作业，操作体验简单方便。老师能在手机和 PC 上直接对学生的作业和考试进行批改、归类、分析，并能通过语音、视频、图片等多种交互方式直接与学生或者学生组进行学习互动。麦学习能大大减轻老师的工作负担，让学生学得更轻松。

〔软件版本〕

麦学习2.0

〔案例分享〕

1. 注册账户

教师登录麦学习网站 Http://www.maixuexi.cn/，点击"教师免费建班"按钮，弹出注册窗口，输入账号密码注册。如图9-74所示。

2. 创建班级

登录后，点击"班级管理"→"创建班级"，创建自己教学的班级，设置班级密码（供学生加入班级时使用）。系统自动生成二维码，学生扫描可以加入班级（首次需注册）。如图9-75所示。

图 9-74

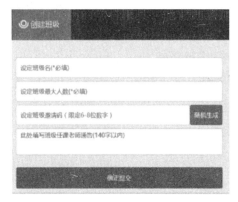

图 9-75

3. 录入习题

（1）创建作业名。点击"作业习题"→"录入习题"，输入习题名称，设置习题标签（便于以后查找），点击"下一步"开始录入习题。如图9-76所示。

（2）导入试卷。麦学习录入习题功能非常强大，既可以选择手工逐题录入，也可以直接导入现成的 Word 试卷。点击"导入 Word 文档"，找到电脑中的 Word 试卷文档，点击"打开"即可导入试卷。如图9-76所示。

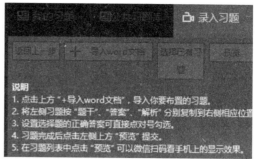

图 9-76

（3）编辑试卷。刚才导入的 Word 试卷自动置于编辑窗口左边，然后将题干和答案依次拖拽到右边对应的编辑窗口就行了，并且支持 Word 文件中的图片拖拽上传。接下来在右边设置分值和答案解析，勾选正确答案。录入下一题时选择底部的"新增选择题""新增主观题""新增复合题"相应题型即可继续添加题目。如图 9-77 所示。

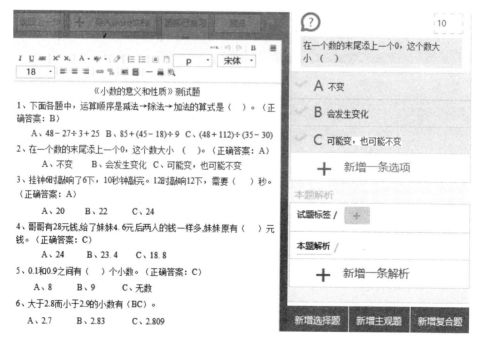

图 9-77

（4）预览作业。录入完毕以后，点击"预览"→"敲定"。如图 9-78 所示。

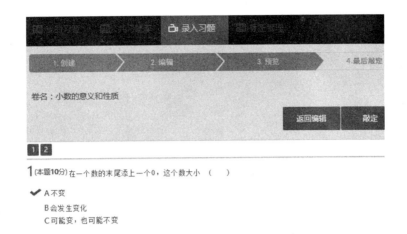

图 9-78

4. 布置作业

点击"作业布置与管理"→"安排作业",勾选相应作业,选择相应的班级,如学前教育班,点击"发布作业"。已进入班级的学生会收到作业。如图9-79所示。

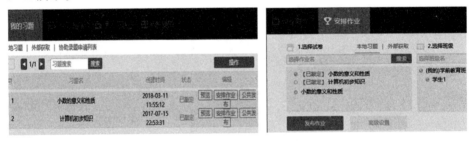

图 9-79

5. 批阅作业

对于客观题型系统会自动批改,对于主观题型,需要"本班助教"人为批阅。进入"班级管理"模块,点击"我的班级"→"本班助教"→"点击生成助教身份二维码",助教扫描二维码即可成为助教身份,就可以批阅主观性题目了。如图9-80所示。

6. 查看作业记录

进入"班级管理"模块,点击"我的班级"→"作业记录"→"查看统计成绩",每道题目的正确率一目了然,从而帮助老师决策哪些题目需要讲评，哪些不必讲评，省时省力。如图9-81所示。

图 9-80

图 9-81

〔技巧点拨〕

◆快捷布置，多班级反复用。录入作业试题后，只需简单的几步操作就可以将作业布置给班级。不同的班级可以使用同一套作业，不需要重复录题组卷。

◆有效防止学生作弊。通过打乱题序和选项的方式，有效防止学生相互抄袭或传递答案。

第10章　网络环境教学辅助工具

在网络发达的时代，教学、培训的手段不再拘泥于"一支粉笔，一张嘴"的原始形态了，作为新时代的教师、培训者应该与时俱进，不断掌握新的教学方法和手段，充分利用一切可以利用的现代化的教学工具，比如智能手机、电子白板、多媒体系统及相关教学软件为教师所用，增强教学、培训效果，提高教学、培训效率。

本章精要:

◆弹幕互动　　◆演示标注

◆精准搜索　　◆语音速录

◆无线传文　　◆分享文件

◆思维导图　　◆自动排版

10.1 弹幕互动交流工具

〔应用场景〕

在举办讲座论坛、会议报告、校园演唱会及节日庆典晚会等场合，主办方总希望跟观众建立良好的互动，获得更高的关注度和参与度，弹幕互动就是一种很好的互动形式。现场观众通过扫描二维码并发送有关内容，大屏幕上就会以弹幕形式将发言内容立即展现出来。当演讲者一边在台上演讲时，台下观众不用打断演讲者的演讲，以发布弹幕形式将发言内容投影到大屏幕上，台上台下建立起了良好的互动。

〔软件版本〕

微弹幕 1.9.0

〔案例分享〕

1. 利用微弹幕台上台下互动

（1）设置弹幕。双击打开软件，在弹出的对话框里输入房间名称如"测试"。设置房间名称的作用在于观众进入了正确的房间。如图 10-1 所示。点击"确认"后，屏幕飘过版权说明，软件隐藏到右下角任务栏。

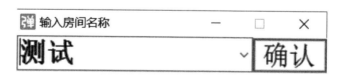

图 10-1

（2）观众扫描。双击右下角任务栏的软件图标，窗口出现二维码。如图 10-2 所示。台下观众用微信扫描二维码进入主办方设置的房间（第一次使用时需要观众关注微弹幕公众号），然后就可以在手机上发表评论了。观众的发言陆续以弹幕的形式出现在会场大屏幕上。

（3）修改设置。打开软件"外观"菜单可以设置弹幕的速度、字体大小、弹道的多少，以及

图 10-2

暂停、恢复、清空弹幕的快捷键。在"弹幕循环"菜单里可以设置需要循环出现的内容和间隔时间。如图10-3所示。

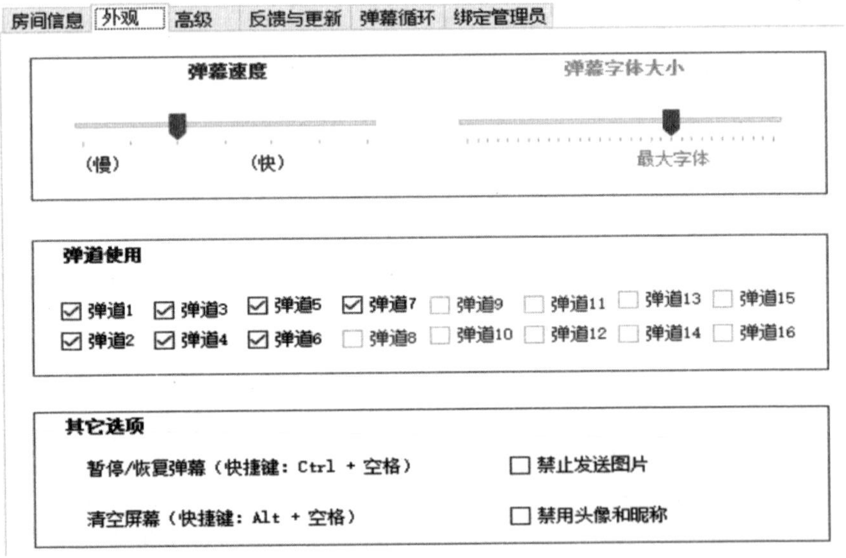

图 10-3

在"绑定管理员"菜单里绑定管理员手机后，方能远程操纵使用弹幕。

此外，还可以设置是否需要管理员审核，以及设置用自己的微信公众平

台发送弹幕。

2. 利用微弹幕现场抽奖

主办方在"高级"菜单里可以开启抽奖功能，所有参与互动的观众账号进入网页中，点击"GO"开始滚动抽奖，随机点击"STOP"，被抽中的观众账号出现在屏幕中。如图 10-4 所示。

图 10-4

10.2 演示标注辅助工具

〔**应用场景**〕

老师在讲课或者在录制视频教程的时候，希望有一款能在屏幕上进行"像画笔一样"自由标注圈点的工具。有时临近上课，发现报告厅投影效果不清晰，后面的观众根本看不清。或在讲解软件操作时，屏幕上的字太小，后面观众无法看到蝇头小字，如听天书，如坐针毡。遇到这种情况，很多人乱了方寸，甚至根本讲不下去。其实，遇到这种情况，用放大镜软件 Zoomit 就可以轻松解决这些问题，而不至于在讲台上狼狈不堪。Zoomit 具有屏幕放大、屏幕标注，计时器等功能，是一款非常好用的演示辅助工具。

〔**软件版本**〕

Zoomit V4.31

〔**案例分享**〕

利用放大软件 Zoomit 任意放大、圈点勾画屏幕对象，确保大会场后边的观众也能看清大屏幕上的每一个细节。

1. 安装软件

该软件很小巧，双击即可运行，启动后它会自动缩放到任务栏藏起来。

2. 局部放大

按下快捷键"Ctrle+1"即可放大屏幕上的任意对象，默认放大2倍，还可以滚动鼠标滚轮继续放大或者缩小显示的对象。按 Esc 键退出。

3. 实时放大

按下快捷键"Ctrle+4"可以实现实时放大效果，比如在放大屏幕的同时能输入文字或操作软件，让观众既能看清内容，也能看清操作的过程。

4. 圈点标注

方法一：当按下快捷键"Ctrle+1"放大屏幕对象后，按下鼠标左键就会出现十字光标，按住鼠标左键就可以随心所欲圈点勾画了。按 Esc 键退出并消除刚才勾画的墨迹。

方法二：按快捷键"Ctrl+2"也可进行屏幕标注，按 Esc 键退出并消除刚才勾画的墨迹。

5. 移动放大的对象

当按下快捷键"Ctrl+1"放大屏幕对象并标注后，按下鼠标右键，退出标注状态并可移动被放大的对象。再次单击右键或按 Esc 键退出。

6. 调用计时器

按下快捷键"Ctrl+3"，屏幕出现倒计时。此时，你可以选择上下方向键调节起始时间，当计时开始的时候，屏幕会自动变成白色或者黑色（根据喜好自己选择），当结束的时候可以设置提醒。

7. 设置快捷键

Zoomit 也可根据自己的习惯重新设置各种功能调用的快捷键。方法是右击任务栏右下角 Zoomit 图标，点击 Options 即可设置。如图 10-5 所示。

（1）设置静态放大快捷键。点击"Zoom"按钮，将光标置于输入框，同时按下组合键可以设置放大的快捷键，默认快捷键是"Ctrl+1"。如图 10-5 所示。

（2）设置动态放大快捷键。点击"LiveZoom"按钮，将光标置于输入框，同时按下组合键可以

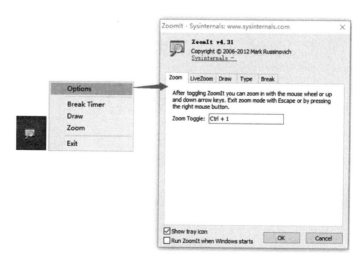

图 10-5

设置放大的快捷键，默认快捷键是"Ctrl+4"。如图 10-6 所示。

（3）设置标注快捷键。点击"Draw"按钮，将光标置于输入框，同时按下组合键可以设置放大的快捷键，默认快捷键是"Ctrl+2"。如图 10-7 所示。

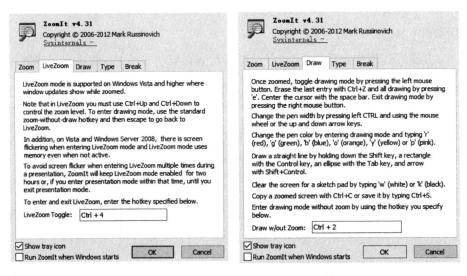

图 10-6　　　　　　　　　　图 10-7

（4）设置显示字体。点击"Type"按钮，点击"Set Font"按钮，在弹出的窗口中设置字体、字号，两次点击"OK"。如图 10-8 所示。

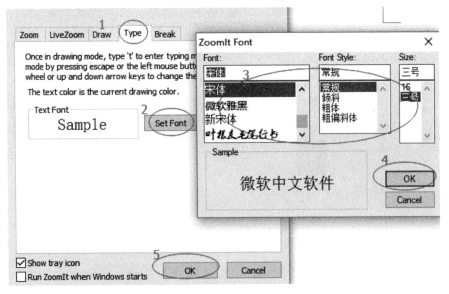

图 10-8

（5）设置倒计时快捷键。点击"Break"按钮，将光标置于输入框，同时按下组合键可以设置放大的快捷键，默认快捷键是"Ctrl+3"，在"Timer"栏设置预设起点时间。如图10-9所示。

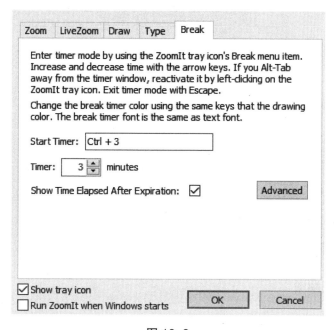

图 10-9

〔技巧点拨〕

在圈点标注时，能设置画笔颜色和标注形状。

◆设置画笔颜色。

屏幕标注使用的时候你可以按下相应键位选择笔的颜色，B 为蓝色，Y 为黄色，R 为红色，O 为橘色，G 为绿色，P 为粉色。其实，这些字母就是各种颜色的英文单词的首写字母，很容易记住。

◆设置标注形状

按住不同的健，画出的标注形状也会不同。按住 Shift 键画出的是直线，按住 Ctrl 键画出的是长方形，按住 Tab 键画出的是椭圆形，按住 Shift+Ctrl 画出的是箭头。按 Esc 键退出并消除刚才勾画的墨迹。

10.3 百度精准搜索技巧

〔**应用场景**〕

互联网时代的人们已经习惯了有事儿找"度娘",只要在百度搜索引擎里输入要查找的关键字,就能够快速找到我们需要的信息。但是,同样的搜索平台搜索同样的目标,不同的人搜索的效果是不一样的,其原因是搜索的方法不一样,掌握的搜索技巧不一样。掌握一些搜索的技巧,可以大大提高我们的搜索效率。百度搜索究竟有哪些搜索技巧呢?

〔**软件版本**〕

百度搜索

〔**案例分享**〕

除了输入指定的关键字进行搜索之外,还有哪些百度搜索技巧来帮助我们多快好省地搜索出指定内容呢?

1. 双引号显示完整信息(格式:"关键词")

如果输入的查询词很长,百度在经过分析后,给出的搜索结果中的查询词可能是拆分的。如果您对这种情况不满意,可以尝试让百度不拆分查询词,方法是给查询词加上双引号,就可以达到这种效果。如搜索360网络收藏夹(不加引号),百度就拆分成了"360"和"网络收藏夹"两个或多个关键词,收到的结果是1100000个;搜索"360网络收藏夹"(英文状态双引号),收到的结果是13700,量大大减少了。由此可见,英文状态的双引号内的关键词不会被拆分,搜索的范围小于没有引号的关键词搜索的范围,搜索更精准。如图10-10所示。

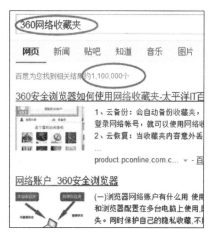 

图 10-10

2. 指定搜索类型（Filetype：pdf/doc/xls/ppt+ 空格 + 关键词）

通过缩小搜索的类型来进行搜索，例如，我们要搜索讲解荷花类的 PPT，但是我们直接输入关键词"荷花"搜索之后发现结果是包含多种类型，一共 31100000 个对象。我们如果通过"Filetype:ppt 荷花"来精确搜索关于荷花 PPT 的内容，范围缩小到只有 51200 个了。如图 10-11 所示。

图 10-11

3. 标题关键字确定（Intitle：关键词）

进行指定标题划分，可以更加聚焦我们要搜索的内容，还是以搜索荷花为例，如果老师们在百度里简略地搜索荷花，将会发现，但凡提到过荷花的文章的内容都会被我们搜索到。其实我们想搜索的内容是荷花，万万没想到"莲花兄弟"也在描述内容里面，加入了荷花关键字作为识别的标签成为我们搜到的对象，那么如何过滤掉这些无用信息呢，那就用"Intitle：荷花"的格式，这样就保证了所有搜索出来的荷花都出现在标题里面了。

4. 无需网站注册，轻松使用网站搜索（Site: 网址 + 关键词）

不知道老师是不是经常遇到这样一个场景，在一个网站或贴吧里面想搜索内容，通常需要注册之后才能进行搜索，如下面的情况，在锐普 PPT 里面（中国最大的 PPT 论坛社区）搜索关于荷花的 PPT。在百度搜索引擎输入："荷花 site:www.rapidbbs.cn/"，可以限制你只在锐普网站内搜索出结果，只有21个。如图10-12所示。

图 10-12

其实还有关键词包含与非包含的关系，如"关键词1"+"|"+"关键词2"。比如我要搜包含"老师"或者包含"学生"的内容，那我就在搜索框中输入"老师|学生"，那么搜索出来的结果或者包含老师或者包含学生。

10.4 你也能成为速录员

〔应用场景〕

各行各业工作人员，谁都遇到过类似以下情况，参加一个比较重要的会议，你恨不得一字不漏地把领导的讲话都记录下来，但打字的速度怎么都跟不上领导讲话的速度。明明要下班了，领导拿来批注得密密麻麻的公文，要求你马上修改完善。如果你打字比较熟练就不用说了，如果打字很蹩脚的话会急得像热锅上的蚂蚁——团团转了。其实，在科技迅猛发展的今天，我们每个人都能成为打字高手。

不相信是吧，绝对是真的，我们只需要下载安装一个讯飞输入法就可以做到了。当你对着手机讲话文字就立即出现，几乎讲多快它就输出多快哟。什么？你担心自己普通话不好，没关系的，随便你讲粤语、四川话、东北话、上海话、闽南语等多种方言，它都一样智能识别输入。更为神奇的是"随声译"功能，让你说中文能显示出英文、日文、韩文，让随身翻译装进口袋里！

〔**软件版本**〕

讯飞输入法8.0

〔**案例分享**〕

案例一：手机端使用讯飞输入法。

1. 下载安装

登录讯飞输入法官方网站 https://srf.xunfei.cn/，根据手机

图 10-13

类型选择相应下载按钮，如"安卓版本下载"，弹出"一键安装到手机"的对话框，打开微信扫描二维码下载安装最新版的讯飞输入法，如图10-13所示。将讯飞输入法设置为默认输入法。

2. 语音输入

需要输入文字的时候，打开应用软件如 Word、记事本、QQ、微信等，按下小喇叭选用讯飞语音输入模式。如图10-14所示。直接开始讲话，你会惊喜地发现你所说的话瞬间同步变成

图 10-14

了文字，只要你一说完文字就立即呈现在屏幕上了，基本上没有延迟，准确率高达98%以上，让你自己都不敢相信。

3. 切换输入语言种类

默认设置是普通话输入模式，如果你觉得自己的普通话不够标

图 10-15

准，影响输入准确率，可以展开"请说话"左边的按钮，勾选其他语言输入，包括粤语、四川话等方言。如图10-15所示。

案例二：电脑端使用讯飞输入法。

在台式电脑上使用讯飞语音输入法的时候，我们可以用手机作为麦克风输入语音，效果非常好，前提是手机和电脑在同一个 Wi-Fi 环境下。

1. 在手机端下载安装一个讯飞麦克风。

2. 在电脑端点击"讯飞麦克风"按钮，弹出"正在连接"对话框，如图 10-16所示。

图 10-16

3. 在手机端打开讯飞麦克风，出现"按住屏幕开始说"的提示。

4. 对着手机讲话，电脑端就会同步出现相应的文字了，而且识别率相当高。

〔 **技巧点拨** 〕

讯飞语音输入除了可以准确识别普通话以及四川话等方言，快速转化成文字功能而外，它还可以实现随身翻译功能，比如中英文互译，中文翻译成英文、日文等，这在快速录入的同时，也给我们提供了免费翻译的功能，非常实用。

10.5 手机电脑无线传文

〔**应用场景**〕

手机几乎成了现代公民必不可少的通讯工具，随着智能手机的发展，手机已经不单单是通讯的功能了，比如拍照、录音、导航、购物、移动办公、移动教学，可以说应有尽有，不一而足。随着丰富的移动终端 APP 的不断推出，其功能越来越强大，手机产生的文件也越来越多，有时候需要将手机文件比如图片、音频等转入电脑使用。有时电脑文件也需要传到手机。手机电脑互传文件成为一项不得不掌握的技术。

〔**软件版本**〕

QQ 8.6

〔**案例分享**〕

案例一、手机传文件到电脑

方法一：

1. 在手机端和电脑端同时打开 QQ 软件。

2. 打开手机相册，勾选需要传送的图片。

3. 点击下边的"发送"，如图 10–17 所示。

4. 点击"发送到我

图 10–17

的电脑"，QQ 开始发送图片到电脑，电脑端自动弹出接收图片窗口，显示传送进度。如图10-18所示。

方法二：

1. 打开电脑端 QQ 左下角的主菜单，选择"导出手机相册"。如图10-20所示。

2. 手机端弹出授权申请窗口，点击"是"，连接上后显示"已连接电脑，请不要退出QQ"；电脑端显示手机相册缩略图。如图10-19所示。

图 10-18

3. 勾选需要传送的图片，设置好导出的路径，点击"导出"。如图10-19所示。

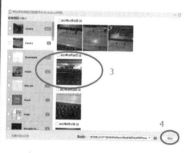

图 10-19

案例二、电脑传文件到手机

1. 打开电脑端 QQ 左下角的主菜单，选择"传文件到手机"，弹出传输文件对话框。

2. 点击文件夹图标，选择待传的文件，点击"发送"。

10.6 QQ 快速分享文件

〔**应用场景**〕

使用 QQ 的人都知道可以通过 QQ 给好友传输文件，但有时我们需要给很多人快速分享文件，如果一个一个地传送文件，效率十分低下。老师如果给一个班或者几个班级的学生通过 QQ 布置作业，怎么做才又快又好呢？我们可以通过以下几种途径给很多人同时快速分享文件。

〔**软件版本**〕

QQ8.6

〔**案例分享**〕

案例一：QQ 群共享文件

1. 点击 QQ 面板上"创建"→"创建群"，弹出创建群的设置对话框。如图 10–21 所示。

2. 选择群类别，填写相关信息，把需要共享文件对象的添加为好友，完成 QQ 群的创建。QQ 面板群聊里面就出现了刚才创建的群名称，群成员可以在群里交流

图 10–21

和共享文件。

　　3.双击打开 QQ 群，将需要传输的文件拖入聊天窗口，即可上传文件。也可点击"文件"里面的"上传"按钮，选择电脑中的文件上传。上传成功后群里的成员便可点击"下载"按钮下载使用了。如图 10-22 所示。

图 10-22

案例二：多人聊天模式共享文件

　　1.如图 10-21 所示，点击群聊面板上的"创建"，选择"发起多人聊天"。

　　2.在弹出的对话框里选择需要加入多人聊天的人员，点击确定。

　　3.此时，群聊下面的"多人聊天"里就会出现刚才创建的多人聊天。右键"修改主题"，可以重新命名。如图 10-23 所示。

　　4.双击进入刚才建立的"多人聊天"，就可以交流和上传共享文件了。

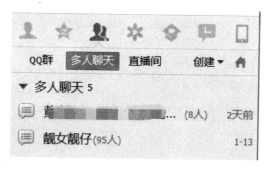

图 10-23

案例三、设置共享文件

　　1.点击电脑 QQ 面板上底部"打开文件助手"，弹出文件助手对话框。

　　2.点击"我的共享"→"新建共享"，设置共享名称如"月光宝盒"。

　　3.设置共享范围。点击"添加成员"，这时打开选择共享会员窗口，在这里选择你要共享的 QQ 好友。

4.设置共享文件夹的目录,这个目录的文件好友可以共享下载,设好后点击右下角的"确定"按钮。如图10-24所示。

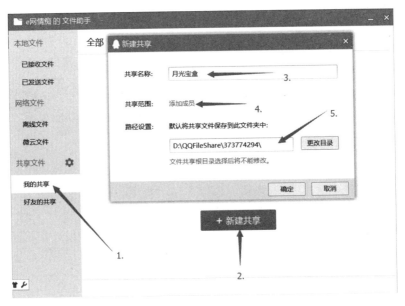

图 10-24

5.添加共享文件。打开刚才这个目录,点击"添加新内容"按钮,选择要添加的共享文件。也可将需要共享的文件拖进去。

6.这时,允许共享的好友就会收到共享文件的提示,好友点击"查看共享"就可以浏览共享文件了。如图10-25所示。

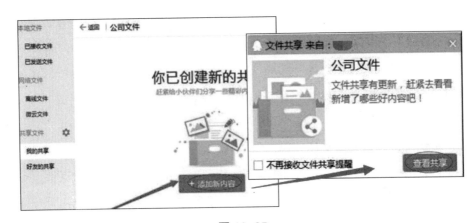

图 10-25

10.7 收放自如思维导图

〔应用场景〕

我们在设计工作计划或活动流程的时候，往往列举很多条条款款，为了把计划表述得更加清楚，文中常常用不同层级的序号来梳理内容，但这些点是离散的，没有建立起逻辑关系，也不方便记忆。思维导图的有效运用能解决这些问题。思维导图又叫心智图，是表达发射性思维的有效的图形思维工具，简单却又极其有效。

运用思维导图图文并重的功能，把各级主题的关系用相互隶属与相关的层级图表现出来，把主题关键词与图像、颜色等建立记忆链接。用它所做的作品收纳自如，从而方便把我们的想法进行有效的组织管理，理清设计思路，保持头脑清晰，随时把握计划或任务的全局。

〔软件版本〕

XMind 7

〔案例分享〕

当我们在做培训内容或班级活动设计时，就可以借助 XMind 思维导图软件对活动内容建立清晰的逻辑图，下面以重庆市云阳教师进修学院设计的"'国培计划'——幼儿一日活动组织与管理课程导图"为例，理清 XMind 思维导图制作思路，如图 10–26 所示。

1. 选择模板

XMIind 自带了很多种模板，在主页面板选择"模板"，在模板页面单击相应的模板创建自己的思维图。如图 10–27 所示。

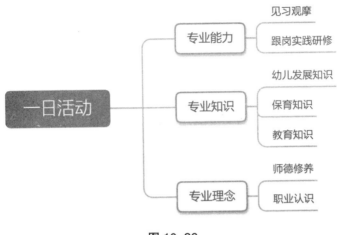

图 10-26

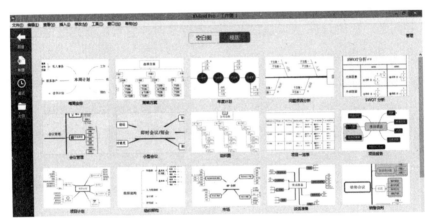

图 10-27

2. 添加主题

在菜单栏选择"插入"，然后点击添加"主题""子主题"等选项。如图 10-28所示。

〔**技巧点拨**〕

XMind 有几种不同类型的主题：

中心主题：每一张思维导图有且仅有一个中心主题。这个主题在新建图的时候会被自动创建并安排在图的中心位置，如案例中的"一日活动组织与管理"为中心主题。

分支主题：中心主题周围发散出来的第一层主题即分支主题。如案例中的"专业能力""专业理念专业知识"为分支主题。

子主题：分支主题、自由主题后面添加的主题都被称为子主题。

自由主题：通常中心话题之外总会有些关键的，但又临时缺少合适位置的信息，可以以自由主题的形式存在于思维导图之中，如案例中"准备阶段"就属于自由主题。

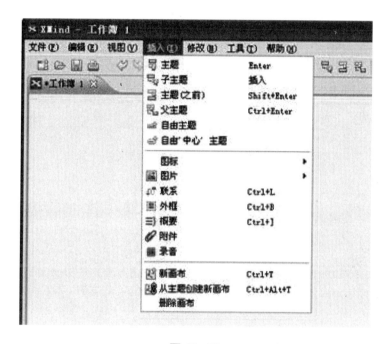

图 10-28

3. 编辑主题

（1）编辑主题文本。选中主题，按"F2"键即可编辑文本，也可以通过双击主题编辑文本。

（2）删除主题

方法一：选中主题，在菜单中选择"编辑 > 删除"。

方法二：在工具栏点击删除。

方法三：在主题上单击鼠标右键，再在弹出的菜单中选择"删除"

图 10-29

（3）调整主题框宽度。选中主题进入编辑状态，拖拽主题框右边的蓝色条调整主题宽度，如图10-29所示。

（4）修改主题属性。选中主题，打开"属性"视图，如图10-30所示，可以在视图中修改如下属性：

结构。在下拉列表中选择合适的结构。所选结构会应用于当前主题及其子主题。

文字。这里可以调整所选主题的文字的"字体""大小""类型""文字颜色"。

形状。为当前主题选择合适的形状，以及背景色。

线条。为当前主题同其子主题之间的线条选择合适的形状，宽度以及颜色。

图 10-30

编号。一是选择编号的类型。二是选择是否继承当前主题的编号。选择在编号前或后添加文字或其他，添加的内容与编号之间会用","隔开。

（5）主题的自由定位。XMind默认的主题排列顺序是自上而下，从左往右。通过下列方式可以自由摆放主题的位置：

选中主题，移动主题的同时，按住 Ctrl，在新位置复制所选主题；按住 Alt，移动所选主题至任意位置，但不改变其他任何属性；按住 Shift，移动所选主题至任何位置成为自由主题。

4. 改变思维图的结构

XMind有10余种不同的思维图结构，用户不仅可以改变整个思维图的结构，还可以只改变其中的一个分支。如图10-31所示。选中中心主题，在菜

图 10-31

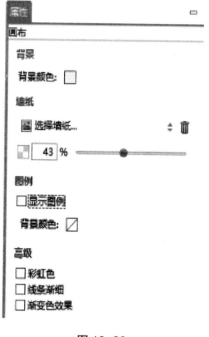

图 10-32

单栏点击"窗口 → 属性"打开属性视图，在结构列表中选择您需要的结构。

5. 修改思维图属性

单击思维图任一空白处，打开属性视图，可以设置思维图的背景或者墙纸样式，在"高级"设置中，可以添加"彩虹色""线条渐细""渐变色效果"。如图 10-32 所示。

6. 添加标注

选中一个主题，点击工具栏上的标注图标 [图标]，您可以在标注中输入文字并在属性视图中修改标注属性，按"Tab"键还可给标注添加子主题。如图 10-33 所示。

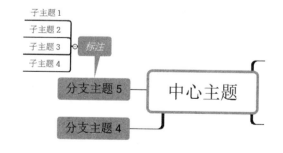

图 10-33

7.添加备注

在 XMind 中，可以为任一主题添加一段备注，以丰富此主题的内容，增强表达的效果。并可以轻松地修改备注。方法如下：

选中主题，可以通过"菜单"选择"插入→备注"打开备注的弹出式窗口，或从鼠标右键菜单中选择"备注"，或使用快捷键"F4"，就可以方便地在对话框中输入备注的内容，如图10-34所示。

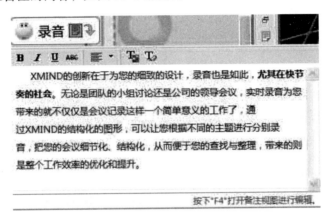

图 10-34

8.导出和导入

XMind 免费版支持导出到图片和 txt 文件以及从 MindManager 和 FreeMind 文件导入。XMind Plus/Pro 支持另外17种导出格式，如 Word、PDF、Excel、PPT、Project、FreeMind、HTML 等。

（1）导出

在菜单栏点击"文件 > 导出"，选择想要导出的文件格式，如 Word，点击"下一步"，点击"浏览"选择导出保存位置，若有需要请修改

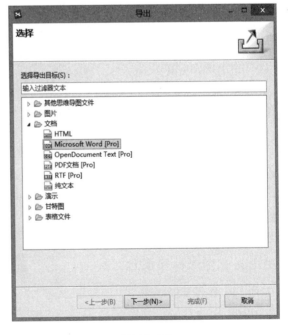

图 10-35

导出设置；点击"完成"，
如图10–35所示。

（2）导入

XMind 支持导入的文
件格式：FreeMind 文件、
Mindjet MindManager 文件、
Microsoft Office Word 文 件
以及 XMind 工作簿。

在菜单栏点击"文件
> 导入"，选择想要导入
的文件格式，如 Mindjet
Manager。点击"浏览"选
择源文件，点击"完成"，
如图10–37所示。

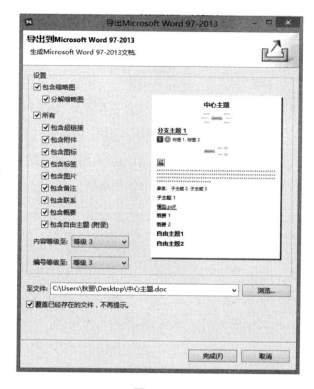

图 10–36

图 10–37

〔**技巧点拨**〕

运用 XMind 常用技巧和快捷键，可以大大提高制作思维导图的效率：

◆按"Enter"键即可创建分支主题 / 同级主题；

◆按"Tab/Insert"可创建子主题；

◆ Shift+Enter，添加一个与当前主题同级但位置在其之前的主题；

◆ Ctrl +Enter，添加一个当前主题的父主题；

◆双击思维图空白处可创建新的自由主题；

◆右击思维图空白处可用鼠标拖动思维图；

◆单击"–"按钮您可收缩分支；单击"+"按钮可展开分支。

10.8 一键生成自动排版

〔**应用场景**〕

工作中难免需要一些创意设计，比如海报、名片、PPT 之类的作品，以前人们往往依托广告公司制作，但对一些零星的工作也不必大费周章。自己动手设计，往往又缺乏这方面的创意或技术，有没有一种傻瓜式的创意设计工具，让一个对排版设计一窍不通的人也能很快制作出像模像样的海报、名片、PPT 呢？有，它就是一键生成自动排版工具。该工具不需要用户掌握多少排版技能，只需要用户输入文字，替换图片，系统就会自动排版，智能化处理，快速自动完成创意平面设计或 PPT 制作了。

〔**软件版本**〕

一键生成自动排版工具

〔**案例分享**〕

应用一键生成自动排版平台设计 PPT。

1. 注册

登录一键生成网站 http://www.itbour.com/，完成注册，用注册的账户登录。如图 10-38 所示。

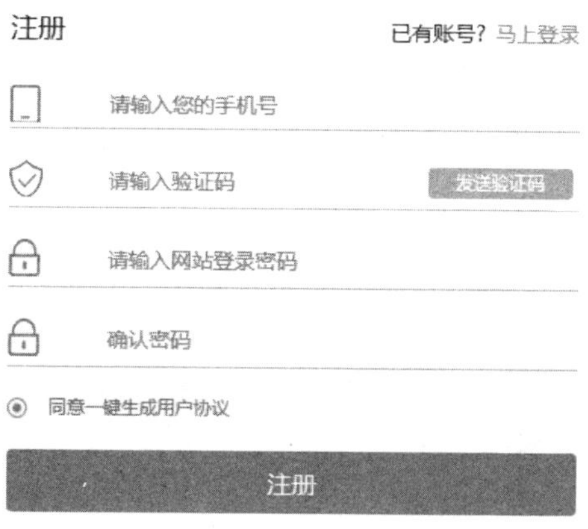

2. 选择模板

点击"幻灯片"，选择分类如"教学培训"，进入相应的海报、印

图 10-38

品、幻灯片模块，选择喜欢的模板，比如"儿童成长教育课件"，点击"应用"。如图10-39所示。

图 10-39

3. 修改内容

点击相应的页面，左边是样例，右边点击"文本输入框"输入自己将要替换的文字，点击"+"添加需要替换的图片。修改完毕后点击"完成"。如图10-40所示。

图 10-40

4. 下载作品

点击"完成"后出现自己修改的作品效果预览，如果不满意可继续返回修改，满意后点击下载按钮可以将设计好的 PPT 下载到本地电脑观看和保存。

图 10-41

〔技巧点拨〕

一键生成自动排版工具有电脑端和手机 APP，使用十分方便。除了可以帮你快速设计 PPT，还可以帮你创意设计海报、展架、名片、传单、优惠券等产品，高效快捷。如图 10-42 所示。

图 10-42

后 记

　　各类教学应用软件层出不穷，每个软件的应用博大精深，让一线教师在短时间内掌握必须的信息技术是我们编著此书的初衷。因此，我们把应用场景定位为基于"互联网＋"环境下的教学与办公，瞄准大数据、云计算、智能教育发展的最新成果，将教师、培训师在教学中亟需的信息技术以精要的形式系统地编撰出来，以真实案例为指引在技术层面精准导航，让一线教师尽快实践应用，提高教学和工作效率。

　　笔者多年从事教师职前培养与职后培训的研究和实践，始终把课题研究作为理念与技术的学术支撑，把著述作为推广应用的平台，先后主持主研了重庆市教育科学规划专项重点课题"基于网络环境下教师教育管理策略研究"、全国教育科学"十二五"规划教育部规划课题"西部贫困地区教师继续教育现状及发展策略研究"、重庆市职业教育科研课题"中职学前教育学生信息技术核心素养培养策略研究"等多项科研课题。通过研究与实践，努力探索移动互联网时代教学新技术、新路径和新方法，并将研究成果汇集成册，我们希望本书能成为新时代教师信息化教学的北斗。

　　本著述的问世，得益于各家软件开发商开发出优秀的应用软件并不断优化升级，为我们提供了研究与实践的平台；得益于重庆市云阳教师进修学院领导的高度重视和大力支持；得益于重庆市信息技术名师工作室导师罗化瑜的精心指导并作序。在此一并表示衷心感谢！此外，由于编者水平有限，加之时间紧，任务重，书中难免有错乱之处，恭请读者批评指正！

曾月光　卢兆明

2018年4月11日